図解&設例

連結決算の業務マニュアル

公認会計士
飯塚幸子 著
IIZUKA, Sachiko

CONSOLIDATION
MANUAL

中央経済社

はじめに

「連結決算を行うことになったが，何から始めればよいのかわからない」
「連結決算作業を誰でもできるように整備したい」
「在外子会社を連結する場合の留意点を教えてほしい」

　上場後まもない会社で新たに連結財務諸表を作成することになった，連結決算の属人化を排除したい，新規に在外子会社を設立したため従来の手順では済まなくなった，他社での効率的な手順を教えてほしい，といったさまざまな連結決算に関する悩み事を相談されることが増えてきています。
　いままでは，その都度個別に対応してきましたが，これだけ多くのお客様が同じような内容で悩まれているのであれば，それを解決できるような本が書けないかと思い，本書を執筆するに至りました。
　連結会計に関するアカデミックな内容は，『図解＆設例　連結会計の基本と実務がわかる本』（中央経済社）で解説したので，本書ではできるだけアカデミックな内容は避け，連結決算業務で必要な手続に特化しています。

　本書は，連結決算担当の方が，必ずといってよいほど悩むであろう，実務上の課題に関する対処方法をまとめています。
　具体的には，「連結パッケージの整備」があります。会社数が少ないうちは連結パッケージというものは作成せず，その都度子会社からデータを入手して親会社側で組み替えて作業していることが多いようですが，子会社数が多くなるにつれ，連結パッケージと呼ばれるデータ収集の雛形が必要になってきます。「第１章　連結パッケージの整備」にて，どのような内容でどのような形式で，何に注意して作成すればよいかのポイントをまとめています。
　「第２章　連結精算表作成手続の整備」，「第３章　連結キャッシュ・フロー

計算書作成手続の整備」,「第4章　セグメント情報等の作成手続の整備」では,事前の準備として必要になる情報にどのようなものがあるか,また,作成した結果をチェックする方法として,どのような方法があるかなど,実際の現場でよくある質問に対して回答した内容となっています。

「第5章　新規連結子会社に関する検討事項」では,新たに連結子会社が増えた場合に,事前に準備しておかなければならないことや検討が必要な事項を整理しています。また,キャッシュ・フロー計算書作成上の留意点についても解説しています。

在外子会社を連結する際の手順は,「**第6章　在外子会社を連結する場合の検討事項**」にまとめています。国内子会社のみだったところに,在外子会社が新たに加わると,とたんに連結決算作業が複雑になります。従来の連結精算表はそのままでは利用できず,在外子会社に対応できるように修正する必要があります。キャッシュ・フロー計算書についても,国内子会社だけでは生じなかった論点が発生します。第6章を見ていただければ,在外子会社を連結することになった場合でも,スムーズに決算を進められると思います。

　長年連結に携わってきた経験に基づいて,私自身が効率的で導入しやすいと思う方法を具体的に記載しています。本書が,連結担当者の悩み事を解決するヒントになれば,これ以上の喜びはありません。

　本書の発行は,厳しいスケジュールの中,細かくチェックしてくれた株式会社ラウレアのスタッフの力なくしては成しえなかったと思います。本当にありがとうございます。こんな素晴らしいスタッフに囲まれて本当に幸せです。

　また,前回に引き続き,今回も根気よくいろいろアドバイスをくださった中央経済社の坂部秀治執行役員に,この場をお借りして改めて厚く御礼申し上げます。

平成27年7月

飯塚幸子

CONTENTS

はじめに

第1章 連結パッケージの整備 ──── 1

1 連結決算の全体像の把握 ……………………………… 2

(1) 連結財務諸表とは／2
(2) 連結財務諸表作成の流れ／3
(3) 連結財務諸表を効率的に作成するうえでの留意点／5
　① 会計処理・会計基準の変更点等の確認と調整　6
　② 連結範囲の検討　7
　③ 資本取引等の確認と調整　7
　④ 子会社データ収集準備　7
　⑤ 決算スケジュールの作成　7
　⑥ マスタ整備（連結会計システムを利用している場合）　8
　⑦ 開始仕訳の作成と確認　8
(4) **各社からのデータ収集方法／8**
　① その都度対応，個別対応　9
　② 連結パッケージの利用　9
　③ 連結会計システムの利用　10
　　★コラム　連結会計システム　12

| 2 | 連結パッケージの構築 …………………………………… | 13 |

(1) 連結パッケージとは何か／13
(2) 連結パッケージの項目の洗い出し／14
(3) 連結パッケージのひな型の検討／16
  ① 個別財務諸表　16
  ② 関係会社間債権債務，関係会社間取引高　19
  ③ たな卸資産内部取引明細　20
  ④ 勘定科目増減明細　21
  ⑤ セグメント明細　23
(4) 連結パッケージのチェック／24

| 3 | 子会社への展開 …………………………………………… | 25

(1) 子会社の勘定科目体系の確認／25
(2) 科目対比表の作成／26
(3) 子会社の会計処理の確認／26
(4) 個別修正の要否の検討／27
(5) 個別修正方法の検討／27
(6) 子会社用マニュアルの整備，子会社説明会の実施／27

第2章　連結精算表作成手続の整備 ― 29

| 1 | 資本連結 ………………………………………………………… | 30

(1) 資本連結とは／30
　① 投資と資本の相殺消去　30
　② 支配獲得後剰余金等の非支配株主持分への按分（100％子会社ではない場合）　31
　③ のれんの償却　33
　④ 子会社株式の減損の戻し　33
(2) 事前確認事項／34
(3) 持分推移表の作成／35
(4) のれん償却スケジュール表の作成／36
(5) 理論値チェック／37
　① 100％子会社のケース　37
　　●設例2-1-1●100％子会社の場合の理論値　39
　② 100％子会社ではないケース　41
　　●設例2-1-2●100％子会社ではない場合（持分比率の変動がない場合）の理論値　43
　　●設例2-1-3●100％子会社ではない場合（持分比率の変動がある場合）の理論値　46
　③ 持分法適用会社のケース　50
　　●設例2-1-4●持分法適用会社の場合の理論値　52
(6) 理論値チェック表の作成／54
　★コラム　非支配株主持分とは　55
　★コラム　追加取得，一部売却（支配継続）の処理　57
　★コラム　間接所有がある場合の処理　60

2　債権債務の消去，取引高の消去 …… 62

(1) 債権債務の消去，取引高の消去とは／62
(2) 会社間取引状況の整理／63

① 営業取引　63
　　　② 財務取引　67
　　　③ 経費の付替え　68
　　　　●設例2-2-1●地代家賃の立替　68
　　　　●設例2-2-2●地代家賃の立替（未達があり，連結消去・修正仕訳で処理する場合）　70
　　　④ 配当金の支払　70
　　　⑤ 固定資産の売買取引等　71
　(3)　**内部取引消去手続の改善**／71
　　　① 子会社側で消去対象ではない科目の金額まで報告しているケース　72
　　　② どちらかの会社で未計上の取引が存在するケース　72
　　　③ 内部取引高として報告した金額が誤っているケース　72
　(4)　**内部取引消去ルールの作成**／73
　　　① 内部取引消去ルールの必要性　73
　　　② 内部取引消去ルールの作成　74
　　　③ 内部取引消去ルールの例　75
　　　　●設例2-2-3●債権優先，収益優先の内部取引消去　76
　(5)　**内部取引突合表の作成**／78

3　貸倒引当金の調整 …………………………………… 82

　(1)　**貸倒引当金の調整とは**／82
　(2)　**貸倒引当金の設定状況の確認**／82
　(3)　**貸倒引当金の調整額**／82
　　　① 債権残高に実績率等を乗じているケース　83
　　　② 個別引当を行っているケース　83
　　　③ 貸倒引当金を設定していないケース　83

(4)　貸倒引当金の調整科目の確認／83
　　(5)　貸倒引当金調整表の作成／84

4　未実現損益の消去（たな卸資産） …………………… 87

　(1)　未実現損益の消去とは／87
　(2)　商流の整理／88
　　　●設例2-4-1●たな卸資産に含まれる未実現損益の所在　89
　(3)　商流ごとの未実現損益消去の基準の検討／90
　　　●設例2-4-2●たな卸資産に含まれる未実現損益の消去仕訳　90
　(4)　未実現損益消去額の計算方法の検討／92
　(5)　たな卸未実現損益計算表の作成／93
　　　★コラム　評価損と未実現利益　98

5　未実現損益の消去（固定資産） ……………………… 99

　(1)　固定資産に含まれる未実現損益の把握／99
　　　①　売却側が売上高として計上したケース　99
　　　②　売却側が固定資産売却損益を計上したケース　100
　(2)　未実現損益を含む固定資産情報の確認／100
　　　①　減価償却方法の確認　100
　　　●設例2-5-1●固定資産に含まれる未実現損益の消去仕訳　101
　　　②　期末残高の確認　102
　　　●設例2-5-2●固定資産に含まれる未実現損益の消去仕訳
　　　　　　　　　（減損）　102
　(3)　固定資産未実現損益管理表，固定資産未実現損益償却管理表の
　　　作成／104

6　連結精算表の作成 ……………………………………………… 113

(1) 連結精算表のサンプル／113
　① 列項目　113
　② 行項目　115
(2) 連結精算表の記入方法／117
　① 借方，貸方の記入方法　117
　② 連結精算表内の整合性の確認　119
　③ 連結精算表の記入例　120
　　●設例2-6-1●連結精算表の作成　122
(3) 連結精算表数値の確認／127
　① 連結財務諸表間の整合性の確認　127
　② 各金額の妥当性の確認　128
　③ 各金額の理論値との確認　128
　④ 単体金額と連結金額との確認　129
(4) 連結精算表比較分析資料の作成／129

第3章　連結キャッシュ・フロー計算書作成手続の整備 ——— 133

1　連結キャッシュ・フロー計算書作成の流れ ………… 134

(1) 原則法／134
(2) 簡便法／134

2 連結キャッシュ・フロー計算書を作成するうえで必要となる情報 ………………………… 135

- (1) 総額表示が必要な勘定科目の増減内容別の金額／135
- (2) キャッシュ・フロー上の取扱いが異なるものの内訳／138
- (3) 現金及び現金同等物に含まれる科目の分解／140

3 勘定科目とキャッシュ・フロー項目の関連づけ …… 141

- (1) 貸借対照表の勘定科目ごとのキャッシュ・フロー区分の検討／142
- (2) 投資活動，財務活動に関する勘定科目の増減内容の検討／144
  - ① 投資活動に関する勘定科目の増減内容の検討　144
  - ② 財務活動に関する勘定科目の増減内容の検討　146

4 キャッシュ・フロー項目の洗い出し ……………………… 146

5 連結キャッシュ・フロー精算表の作成 …………………… 149

- (1) 連結キャッシュ・フロー精算表の作成手順／149
- (2) 連結キャッシュ・フロー精算表数値の確認／154
  - ① 連結キャッシュ・フロー精算表数値の確認ポイント　154
  - ② 連結損益計算書との整合性の確認　155
  - ③ 連結貸借対照表の前期と当期の差額との整合性の確認　155
  - ④ 連結損益計算書および連結貸借対照表の前期と当期の差額を調整した金額との整合性の確認　156
  - ⑤ 確認シートでの確認　157

第4章 セグメント情報等の作成手続の整備 ……… 161

1 セグメント情報作成の流れ ……………………………… 162

(1) セグメント情報とは／162
(2) セグメント情報作成の流れ／163
 ① 連結財務諸表と同様に，仕訳を積み上げて作成する方法　163
 ② 連結財務諸表をセグメントに分解する方法　164

2 セグメント情報を作成するうえで必要となる情報 …… 164

(1) 個別財務諸表の報告セグメント別の分解／165
(2) 連結消去・修正仕訳の報告セグメント別の分類／166
 ① 個別修正仕訳の報告セグメント別金額　167
 ② 内部取引消去仕訳，未実現損益消去仕訳，貸倒引当金調整仕訳の報告セグメント別金額　167

3 セグメント情報の作成 ………………………………… 172

 ●設例4-3-1●セグメント情報の作成　173

第5章　新規連結子会社に関する検討事項 ──── 181

1　事前確認事項 ……………………………………………… 182

(1) 支配獲得日の確認／182
　① 子会社を設立したケース　183
　② 株式取得等により支配を獲得したケース　183
　③ 非連結子会社の重要性が増して当期から連結子会社としたケース　183
(2) 子会社の資産および負債の時価評価の検討／184
　① 時価評価すべき資産および負債は何か　184
　② 時価評価額はいくらか　185
　③ 税効果は考慮する必要があるか　185
　④ 時価評価資産負債管理表の作成　185
(3) 投資金額の修正および評価の検討／186
(4) 投資と資本の相殺消去仕訳の検討／188
(5) 新規子会社の会計方針の確認／189
(6) 新規子会社の科目体系の確認／192
(7) 新規子会社との取引内容の整理／193
　① 内部取引内容の確認　193
　② 未実現損益の確認　194
(8) 新規子会社への連結パッケージの説明／195

2　連結精算表作成時の留意点 ……………………………… 195

(1) 株式取得等により新規連結子会社としたケース／195
　　●設例5-2-1●株式取得により新規連結子会社としたケース　196
(2) 非連結子会社の重要性が増して当期から連結子会社としたケース／204
　　●設例5-2-2●非連結子会社を当期から連結子会社としたケース　204

3　連結キャッシュ・フロー計算書作成時の留意点 …… 209

(1) 収集すべき情報／209
(2) 新規連結子会社取得による収入（または支出）／212
　① 子会社を設立したケース　212
　　●設例5-3-1●子会社を設立した場合の連結キャッシュ・フロー精算表　213
　② 株式取得等により支配を獲得したケース　215
　　●設例5-3-2●株式取得等により支配を獲得した場合の連結キャッシュ・フロー精算表　216
　③ 非連結子会社の重要性が増して当期から連結子会社とした場合　219
　　●設例5-3-3●非連結子会社の重要性が増して当期から連結子会社とした場合の連結キャッシュ・フロー精算表　220
(3) キャッシュ・フロー内部取引の消去／222
　　●設例5-3-4●連結キャッシュ・フロー計算書の作成　223
(4) 連結キャッシュ・フロー精算表の作成／224
　　●設例5-3-5●連結キャッシュ・フロー精算表の作成　224

第6章　在外子会社を連結する場合の検討事項 ——— 235

1　在外子会社を連結する際の留意点 ……………… 236

(1) 決算期の論点／236
(2) 外貨換算の論点／236
(3) 資本連結の論点／237
(4) 内部取引の論点／237
(5) 連結キャッシュ・フロー計算書作成時の論点／237

2　親会社の決算日と異なる場合の調整方法の検討 …… 238

●設例6-2-1●決算日が異なり，重要な不一致が生じている
　　　　　　ケース　239

3　在外子会社の財務諸表の換算方法の検討 ……………… 240

4　資本連結の留意点 ……………………………………………… 241

(1) 新規連結時における留意点／241
　① 在外子会社を設立したケース　241
　　●設例6-4-1●在外子会社を設立したケース　242
　② 株式取得等により支配を獲得したケース　242
　　●設例6-4-2●株式の取得等により支配を獲得したケース　242
　③ 非連結子会社の重要性が増して当期から連結会社としたケー

　　　　　　ス　244
　　　　　●設例6-4-3●非連結子会社の重要性が増して当期から連結
　　　　　　　会社としたケース　244
　(2)　為替換算調整勘定の按分／246
　　　　　●設例6-4-4●在外子会社を設立したケース（100％子会社
　　　　　　　でない場合）　246
　(3)　外貨建のれんの処理／248
　(4)　支配獲得後の持分変動の処理／253
　　①　持分が増加したケース　253
　　②　持分が減少したケース　253

5　内部取引消去の調整方法の検討 …………… 256

　(1)　損益取引の消去／256
　　　　　●設例6-5-1●子会社の損益計算書の換算　257
　(2)　債権債務の消去／259
　　　　　●設例6-5-2●子会社の貸借対照表の換算　259
　　　　　●設例6-5-3●在外子会社の親会社向け買掛金残高　261
　　①　国内子会社と同様のルールで差額調整を行うケース　262
　　②　為替換算調整勘定で調整するケース　263
　　③　為替差損益で調整するケース　263

6　連結キャッシュ・フロー計算書作成時の留意点 …… 264

　(1)　在外子会社のキャッシュ・フロー項目の換算／264
　(2)　連結キャッシュ・フロー計算書の作成方法／265
　　①　原則法　266
　　②　簡便法　266

(3) **簡便法による連結キャッシュ・フロー精算表の作成手順**／267
　　① 前期と当期の連結貸借対照表の差額の計算　267
　　② 為替影響額計算表の作成　267
　　③ 為替の影響額の調整　269
　　④ 勘定科目増減明細の換算　269
(4) **数値例での確認**／271
　　　●設例6-6-1●連結キャッシュ・フロー精算表の作成　271
(5) **内部取引消去の対象となった債権債務から生じた為替換算差額の処理**／279

第1章

連結パッケージの整備

1 連結決算の全体像の把握

(1) 連結財務諸表とは

　連結財務諸表とは，支配従属関係にある2つ以上の会社からなる企業集団を，単一の組織体とみなして，親会社が当該企業集団の財政状態，経営成績，キャッシュ・フローの状況を総合的に報告するために作成するものです（図表1-1-1）。

図表1-1-1　連結財務諸表とは

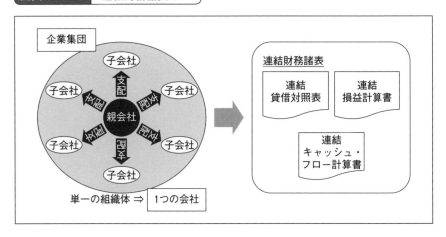

　原則として子会社はすべて連結の範囲に含めることとされているため，1社でも子会社が存在した場合には，連結財務諸表を作成する必要があります。
　連結財務諸表は親会社が作成するものです。よって，親会社は連結の範囲に含まれる子会社（連結子会社という）から，**連結財務諸表作成のために必要となる情報を収集**し，連結財務諸表を作成する必要があります。
　では，**連結財務諸表作成のために必要となる情報**とはどのようなものがある

でしょうか。

　連結財務諸表は，親会社および連結子会社の個別財務諸表を合算してから作成します。また，非連結子会社や関連会社には持分法を適用する必要があるため，持分法適用会社の損益等のうち親会社持分相当額を連結財務諸表上は取り込む必要があります。よって，連結財務諸表を作成するためには，まず，各連結子会社および持分法適用会社の個別財務諸表を各社から収集することが必要となります。

　親会社は，親会社と子会社の個別財務諸表を合算した後，親会社と子会社間および子会社間で行われた内部取引を消去する必要があります。よって，そのためには，消去するための元データ，すなわち，親会社や他の子会社との間の債権債務残高，当期の損益取引高の情報が必要となります。さらに，連結企業集団内のある会社が別の会社に利益を付して商品などの資産を売却し，当該資産が外部に売却されずに在庫として残っていた場合，連結財務諸表を作成するうえでは，その在庫の中に含まれているある会社が付した利益は未実現利益として消去しなければなりません。よって，この未実現利益を消去するためには，期末在庫のうち，親会社や他の子会社，持分法適用会社から取得したものはいくら残っているのか，また，その在庫（資産）に含まれている他の会社が付した利益はいくらなのかといった情報が必要となります。

　連結財務諸表の作成は，各社の決算数値が固まってから作業開始となるため，かなり短い期間での作業となります。よって，連結財務諸表を作成するうえでどのような情報を集める必要があるかをあらかじめ整理し，それらを連結子会社や持分法適用会社から報告してもらうために，事前の準備や説明，段取りが非常に重要となるのです。

(2) 連結財務諸表作成の流れ

　連結財務諸表作成の流れを確認しておきましょう。個別財務諸表の作成の流れとは異なり，連結財務諸表の作成は，各社の個別財務諸表を合算することか

ら始まります。在外子会社が存在する場合には，在外子会社の外国通貨建ての財務諸表を円に換算してから合算します。その後，連結消去・修正仕訳を行って，連結財務諸表を作成します（図表1-1-2）。

図表1-1-2　連結財務諸表作成の流れ

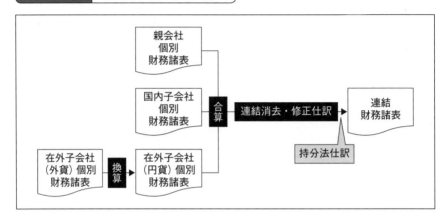

連結消去・修正仕訳の主な内容は以下のとおりです。

・投資と資本の相殺消去
・当期純損益の按分，配当金の振替
・のれんの償却
・債権債務の相殺消去，損益取引の相殺消去
・貸倒引当金の調整
・未実現損益の消去
・連結手続上の税効果

上記以外に，会計処理の統一のための仕訳や，個別財務諸表の修正仕訳を連結手続上で行う場合もあります。

また，持分法適用会社が存在する場合には，持分法に関する仕訳も必要となります。持分法に関する仕訳の主な内容は以下のとおりです。

- 当期純損益の認識，配当金の振替
- のれんの償却
- 未実現損益の消去
- 連結手続上の税効果

　持分法適用会社の個別財務諸表は合算しませんので，債権債務の相殺消去や損益取引の相殺消去は必要ありません。しかしながら，当期純損益のうち親会社に帰属する部分については，持分法仕訳として取り込む必要があるため，持分法適用会社の個別財務諸表は入手する必要があります。

　また，連結子会社と同様に，個別修正仕訳が必要な場合には，連結上で修正を行って，修正後の当期純損益を認識する必要があります。

(3) 連結財務諸表を効率的に作成するうえでの留意点

　連結財務諸表を効率的に作成するためには，事前の準備や段取りが非常に重要です。

　上述のとおり，連結財務諸表の作成は，各社が個別財務諸表を作成した後から開始します。連結手続上必要な情報が収集できていなかったり，想定外の取引などが発生しており，どのような処理を行えばよいかがわからなかったりなど，連結決算作業が始まってから追加で情報を入手したり，あるべき仕訳を検討したりしていては決算が遅れてしまいます。

　したがって，事前に何をすべきかを洗い出し，決算スケジュールを立て，役割分担を決め，当期に起きた事象のうち，事前に監査法人と相談や検討すべきことは早めに調整しておく必要があります。

　一般的に，連結決算作業において，事前に行うべきことは以下のとおりです。

図表1-1-3　連結決算の事前準備事項

① 会計処理・会計基準の変更点等の確認と調整
・会計処理・会計基準の変更点等の確認
・会計処理・会計基準の変更点等の該当有無の確認および対応方針の検討
・会計処理・会計基準の変更点等の対応方針についての監査法人との調整
② 連結範囲の検討
・新規連結子会社の有無の確認
・連結除外会社の有無の確認
③ 資本取引等の確認と調整
・資本取引（増資，減資など）の有無の確認
・持分変動（追加取得，一部売却）の有無の確認
・連結範囲の変更，資本取引，持分変動がある場合，具体的な数値の確認
・連結範囲の変更，資本取引，持分変動がある場合，仕訳の検討・作成
・連結範囲の変更，資本取引，持分変動がある場合，事前の監査法人との調整
④ 子会社データ収集準備
・勘定科目や会社，セグメントなどの追加の検討・確認
・連結パッケージ（データ収集ファイル）のメンテナンス
・連結パッケージの各子会社への配布
・子会社説明会の実施
⑤ 決算スケジュールの作成
・決算スケジュールの作成
・決算役割分担表の作成
・監査法人との日程調整
⑥ マスタ整備（連結会計システムを利用している場合）
⑦ 開始仕訳の作成と確認
・繰越処理の実施（連結会計システムを利用している場合）
・開始仕訳の作成と確認

① **会計処理・会計基準の変更点等の確認と調整**

当決算期間において新たに適用すべき会計基準がないか，また，変更すべき会計処理はないか，新たに発生した取引に関してどのように会計処理を行うべきか等を確認します。

もし，該当する事項が存在した場合には，それに対しての対応方針を検討し，

必要に応じて，事前に監査法人に確認し，合意を得ておく必要があります。

② 連結範囲の検討

当期の連結財務諸表に含める連結子会社および持分法適用会社を検討します。原則として，すべての子会社を連結の範囲に含める必要がありますが，重要性の乏しい会社であれば例外的に連結の範囲に含めないことができます。よって，連結の範囲に含めていない子会社（非連結子会社）がある場合には，当期も連結の範囲に含める必要がないかどうかの検討が必要となります。

③ 資本取引等の確認と調整

当決算期間において，資本取引等（子会社の新設・除外，子会社株式の追加取得・一部売却，子会社における増資・減資，子会社による子会社自身の株式の取得・売却，子会社による親会社株式の取得・売却）がないか，ある場合にはその対応方針および具体的な連結消去・修正仕訳を検討し，必要に応じて，事前に監査法人に確認し，合意を得ておく必要があります。

④ 子会社データ収集準備

勘定科目や会社，セグメントなどの追加が必要か否かを検討し，必要な場合には，子会社へ配布する連結パッケージの修正を行います。また，子会社への通知が必要な場合には，今期，どのような科目等が追加になり，どういう点に注意して入力してほしいか等の連絡を行います。

必要に応じて子会社への説明会や，子会社へ訪問しての説明などを行います。

⑤ 決算スケジュールの作成

決算発表日から逆算して決算スケジュール（決算発表日，役員会，連結財務諸表確定日，監査日程など）を作成し，誰がどのタスクを担当するか，レビューは誰がいつまでに行うかなどの役割分担表を作成します。また，監査日程については事前に監査法人と調整を行います。

⑥ マスタ整備（連結会計システムを利用している場合）

連結会計システムを利用しており，勘定科目や会社，セグメントなどの追加があった場合には，事前にマスタに追加を行います。

⑦ 開始仕訳の作成と確認

連結会計システムを利用している場合には，繰越処理等を実施し，当期決算の開始仕訳の確認を行います。エクセル等で作成している場合には，前年度の連結消去・修正仕訳に基づいて，当年度の開始仕訳を作成します。

開始仕訳は，第１四半期で作成したものをそのまま第２四半期以降も利用できるので，当期が第１四半期決算以外の場合には，開始仕訳が第１四半期と同じであることを確認（もしくは同じ開始仕訳を利用）します。

第１四半期の場合は，前期仕訳を当期の開始仕訳として引き継ぎ，純資産項目の期首残高（利益剰余金期首残高，資本剰余金期首残高等）が前期の純資産項目の期末残高と一致しているかどうかを確認します。

（開始仕訳のチェックポイント）

> 仕訳内容ごとに，利益剰余金期首残高，資本剰余金期首残高等が前期末の利益剰余金期末残高，資本剰余金期末残高等と一致しているかどうかを確認

(4) 各社からのデータ収集方法

各社からのデータ収集方法をどのように行っているかについては，一般的に，次の３つの段階に分かれています。

> ① その都度対応，個別対応
> ② 連結パッケージの利用
> ③ 連結会計システムの利用

① その都度対応，個別対応

　連結決算作業において必要となる情報を，その都度子会社から収集し，収集するフォーマットは統一されていないケースです。

　初めて連結財務諸表を作成する場合や，子会社数が5社未満の会社などでよく見られる方法です。後述の連結パッケージを子会社に依頼するよりも，子会社の個別会計システムから出力したデータをそのままの形式で送付してもらい，親会社側で調整や入力をしたほうが早いという認識のもと，このような業務が行われています。

　会計基準の変更があった場合や，注記情報で必要なデータが事前に洗い出されておらず，その都度，開示資料を作成する際にメール等で必要な情報を追加入手しているケースが多いようです。

　子会社数が少ない場合が多いため，現時点では連結決算作業自体には大きな支障は出ていないのですが，その都度，属人的な対応となっており，手順も整理されていないことから，この方法は，将来担当者が変更になってしまった場合に，誰も業務ができなくなってしまうというリスクを含んでいます。よって，将来的なことを考慮し，できるだけ各社から収集するデータのフォーマットは統一し，事前に必要なものは入手してその都度メールでのやり取りが発生しないよう，検討しておく必要があります。

② 連結パッケージの利用

　子会社数が多くなってくると，データ収集フォーマットが統一されていないことで，その後の連結決算作業に手間や時間がかかってしまいます。

　親会社側での連結決算作業を効率的に行うためには，連結パッケージと呼ばれるエクセルのデータ収集用ファイルを準備し，これを子会社に事前に配布して必要な情報を収集するという方法があります。

　連結パッケージの詳細は後述しますが，内容としては，連結財務諸表作成に必要となる各社の個別財務諸表や内部取引データ等や，注記情報を作成するうえで必要な情報が収集できるような内容を網羅しておく必要があります。

③ 連結会計システムの利用

　さらに子会社が増えたり，制度連結だけでなく，管理会計上も連結決算が必要になってきたりした場合，エクセルでの連結決算作業には限界が出てきます。そのような場合には，連結会計システムを利用してデータ収集および連結決算作業を行うという方法があります。

　連結会計システムは，換算，合算，連結消去・修正仕訳の機能を持ち，さらには注記情報の作成や管理会計を行うことが可能なシステムもあります。連結会計システムでは，各社から収集したデータと換算レートや利益率などの追加的な情報を登録することで，連結財務諸表を作成することができます。

　連結会計システムを採用してデータ収集を行う場合，オンラインで行う方法とオフラインで行う方法とに分かれます。オフラインでデータ収集を行っている場合には，データ収集に関しては上述の「② 連結パッケージの利用」の場合とほぼ同じ運用手順となります。

　また，連結会計システムを活用している場合でも，活用度合が何段階かのレベルに分かれています。

> **レベル1：換算，合算システムとしてのみ利用**
> 　各社からデータを収集して連結会計システムに登録し，換算と合算のみをシステムで行っているケースです。
> 　連結消去・修正仕訳については，システムでの自動仕訳機能は利用せず，手作業で仕訳を登録しているケースです。
> 　せっかくシステムを導入したのであれば，システムで対応可能な仕訳はできるだけ自動化し，連結決算作業の属人化の排除や，効率化を図るべきだと思われます。
>
> **レベル2：換算，合算だけでなく，仕訳も自動化しているケース**
> 　各社から収集したデータに基づき，換算や合算，さらには連結消去・修正仕訳を自動化しているケースです。財務諸表以外のデータ（例えば，関係会社間取引データなど）を各社から収集してシステムに登録することに

より，システム内で連結消去・修正仕訳が自動作成されます。

レベル3：注記情報もシステムで作成しているケース

連結財務諸表だけでなく，注記情報も連結システム内で作成しているケースです。各社から収集した注記の元データを連結会計システム内に保存し，連結会計システムの中で換算，合算を行い注記情報の元データを作成します。このレベルになると，制度連結の効率化はかなり進んでいます。

レベル4：管理会計でもシステムを利用しているケース

制度会計だけでなく，月次連結や予算連結などの管理会計でも連結会計システムを利用しているケースです。同一データベース内に，制度会計のデータと管理会計のデータを保持することができるため，制度と管理の数値の比較などが非常にやりやすくなります。

本書は，連結決算作業を初めて行う企業や，連結決算作業が属人化してしまっている企業を対象として，連結決算業務の手続の整理を目的とした内容となっています。そこで，連結パッケージ導入を考えている企業，またはすでに連結パッケージを利用しているものの属人的になってしまっている企業を対象として，具体的にどのような連結パッケージで子会社からデータ収集が必要なのかをまず整理しています。また，連結財務諸表を作成するうえで，どのような仕訳が必要となるのか，その仕訳は具体的にはどのように作成すればよいのか，また，最終的な結果はどのようにチェックすればよいのかなど，実務に沿った内容を順番に記載していますので，ぜひ参考にしてください。

> **Column**　連結会計システム

連結会計システムは主に以下のようなものがあります。

図表1-1-4　主な連結会計システム

製品名	製造元	サイト
DivaSystem	株式会社ディーバ	https://www.diva.co.jp/product/
STRAVIS	株式会社電通国際情報サービス	http://www.isid.co.jp/stravis/
SUPER COMPACT Pathfinder	富士通株式会社	http://glovia.fujitsu.com/jp/products/glovia_supcom/
BTrex	株式会社ビジネストラスト	http://www.b-trust.co.jp/btrexr/
eCA-DRIVER	株式会社TKC	http://www.tkc.jp/consolidate/eca-driver/
Conglue	プライマル株式会社	http://www.primal-inc.com/product/conglue/
iCAS	株式会社インプレス	https://www.imprex.co.jp/product/icas.html
Oracle Hyperion Financial Management	日本オラクル株式会社	http://www.oracle.com/jp/solutions/ent-performance-bi/hyperion-financial-management-066534-ja.html
SAP Financial Consolidation	SAPジャパン株式会社	http://www.sap.com/japan/pc/analytics/enterprise-performance-management/software/financial-consolidation/index.html

2 連結パッケージの構築

(1) 連結パッケージとは何か

　連結財務諸表を作成するためには，連結決算作業を行ううえで必要となる情報を各連結子会社や持分法適用会社から収集する必要があります。

　各社からデータを収集する際，会社ごとにフォーマットが異なっていたり，内容が統一されていなかったりすると，その後の連結決算作業に時間や手間がかかってしまいます。

　そのため，連結決算作業の効率化が進んでいる会社では，データ収集のフォーマットを統一し，決算が始まる前までに各社にそのデータ収集用ファイルを送付し，決算日後に，各社が入力したものを回収して集計しています。

　この各社に配布する統一フォーマットのデータ収集用ファイルのことを「連結パッケージ」と呼びます。

　「連結パッケージ」はエクセルで作成されているケースがほとんどで，内容ごとにブックやシートを分けて運用しています。

図表1-2-1　連結パッケージの位置づけ

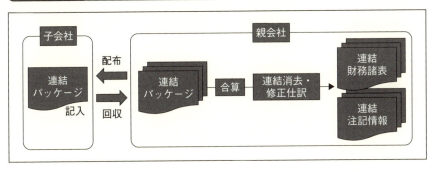

(2) 連結パッケージの項目の洗い出し

これから初めて連結決算作業を開始する場合，また，今まではフォーマットがなく，その都度，各社の形式でデータを収集していた場合，まずは，連結パッケージでどのような情報をどのような形式で収集するかを検討する必要があります。

ここでは，基本財務諸表等（連結貸借対照表，連結損益計算書，連結包括利益計算書，連結株主資本等変動計算書，連結キャッシュ・フロー計算書，セグメント情報）を作成するうえで，必要となる項目を整理しておきます。

図表1-2-2 連結貸借対照表，連結損益計算書，連結包括利益計算書，連結株主資本等変動計算書を作成するうえで必要な事項

連結作業項目	各社から必要となる収集データ
単純合算	個別財務諸表（株主資本等変動計算書も含む）
内部取引消去	関係会社間債権債務（資産負債） 関係会社間取引高（収益費用）
未実現損益消去 （たな卸資産）	購入側：たな卸資産内部取引明細 期末たな卸資産のうち，関係会社から購入したものの金額
	売却側：関係会社向け利益率 関係会社に売却したたな卸資産に関する利益率
未実現損益消去 （固定資産）	購入側：固定資産内部取引明細，償却情報 当期に関係会社から取得した固定資産の金額
	売却側：固定資産内部取引明細（売却価額と簿価情報） 当期に関係会社に売却した固定資産の金額
貸倒引当金調整	個別引当明細（関係会社向け），貸倒実績率 関係会社向け債権に対して計上している貸倒引当金の個別引当額および貸倒実績率
税効果調整	実効税率（税率の変更があった場合には，変更前と変更後の実効税率）

図表1-2-3　連結キャッシュ・フロー計算書を作成するうえで必要な事項

連結作業項目	各社から必要となる収集データ
現金及び現金同等物の範囲	定期預金勘定明細 定期預金のうち，運用期間が3ヵ月以内のものと3ヵ月超のものの内訳
外貨建現金及び現金同等物に係る為替差損益	外貨建現金及び現金同等物明細（または為替差損益）
総額表示が必要な科目の増減内訳	勘定科目増減明細（投資活動，財務活動）
営業活動の小計以下の項目のうち，調整が必要なものの内訳	未払費用，前払費用に含まれている未払利息，前払利息の金額
	未収収益，前受収益に含まれている未収利息，前受利息の金額
	未払金に含まれている，以下の項目の金額 ・固定資産購入未払金（有形・無形） ・有価証券購入未払金 ・その他，投資活動・財務活動に係る未払金
	未収入金に含まれる，以下の項目の金額 ・固定資産売却未収入金（有形・無形） ・有価証券売却未収入金 ・その他，投資活動・財務活動に係る未収入金
外形標準課税	未払法人税等のうち，外形標準課税に係る部分の金額
その他の内訳項目	上記以外で，同一の勘定科目で，営業活動，投資活動，財務活動に分解が必要な項目に関する内訳

図表1-2-4　セグメント情報を作成するうえで必要な事項

連結作業項目	各社から必要となる収集データ
単体金額のセグメント別金額	セグメント別科目明細 複数セグメントの会社がある場合，当該会社の個別財務諸表のセグメント別の金額 ただし，セグメント情報の開示が必要な項目のみ（セグメント利益の内訳，資産，減価償却費など）
関係会社間債権債務，関係会社間取引高のセグメント別金額	セグメント別関係会社債権債務（債権債務） セグメント別関係会社取引高（収益費用） 複数セグメントの会社がある場合，関係会社間債権債務，関係会社間取引高のセグメント別の金額 ただし，セグメント情報の開示が必要な項目のみ（セグメント利益の内訳，資産，減価償却費など）
地域ごとの売上高	個別財務諸表の売上高の販売先国地域別の内訳

(3) 連結パッケージのひな型の検討

　連結パッケージ項目の洗い出しが終わったら，連結パッケージのひな型を検討します。子会社の担当者が迷わず，漏れなく正確に情報を入力することができるためには，連結パッケージの形式や内容をシンプルでわかりやすくしておく必要があります。

　ここでは，代表的な項目をサンプルとして提示しておきます。

① 個別財務諸表

　各社から貸借対照表，損益計算書，株主資本等変動計算書の情報を収集するためのものです。連結ベースでの増減理由を説明するために，各社からのデータ収集段階で，前期と当期で増減額が大きい場合には，その理由を子会社側で記入できるようにしておきます。

　また，その後の連結決算作業（合算等）が効率的に行えるように，グループ科目コード（子会社の個別会計上の勘定科目コードとは異なる）を付しておく

ことが重要です。

なお，別途子会社の勘定科目コードとグループ科目コードとの対応表を作成しておく必要があります。

図表1-2-5　個別財務諸表（貸借対照表）のサンプルフォーマット

グループ科目コード	勘定科目	前期金額	当期金額	増減金額	増減理由
100000	現金及び預金				
100200	売掛金				
100300	有価証券				
100400	商品				
100500	前払費用				
100600	未収収益				
100700	短期貸付金				
100900	前渡金				
101000	未収入金				
101300	貸倒引当金				
101400	繰延税金資産（短期）				
101500	その他流動資産				
109999	**流動資産合計**				
110000	建物				
110100	建物減価償却累計額				
110600	機械装置				
110700	機械装置減価償却累計額				
111200	土地				
111300	建設仮勘定				
119999	**有形固定資産合計**				
120100	ソフトウェア				
120200	ソフトウェア仮勘定				
120300	その他無形固定資産				
129999	**無形固定資産合計**				
130000	投資有価証券				
130100	子会社株式				
130200	関連会社株式				

130400	長期貸付金				
130900	繰延税金資産（長期）				
131200	その他投資等				
139999	投資その他の資産合計				
149999	固定資産合計				
199999	資産合計				
200000	買掛金				
200100	短期借入金				
200200	1年以内返済長期借入金				
200300	未払金				
200400	未払法人税等				
200600	未払消費税				
200700	未払費用				
201200	その他流動負債				
201300	繰延税金負債（短期）				
209999	流動負債合計				
210200	長期借入金				
210300	資産除去債務				
210400	退職給付引当金				
210500	繰延税金負債（長期）				
210600	その他固定負債				
219999	固定負債合計				
299999	負債合計				
300000	資本金				
300100	資本剰余金				
300200	利益剰余金				
300300	自己株式				
309999	株主資本計				
310000	その他有価証券評価差額金				
310100	土地再評価差額金				
319999	評価・換算差額等				
320000	新株予約権				
329999	純資産合計				
399999	負債・純資産合計				

② 関係会社間債権債務，関係会社間取引高

連結決算作業の中で内部取引高を消去するため，事前に各社から親会社や他の連結子会社に対する債権債務残高，損益取引高を収集する必要があります。なお，各社から報告してもらう金額は，あくまでも個別財務諸表の内訳金額であるため，個別財務諸表との整合性を子会社側でチェックできるよう工夫をしておくことが必要です。

図表1-2-6 関係会社間債権債務のサンプルフォーマット

<会社数が少ない場合（行項目：勘定科目，列項目：会社）>

グループ科目コード	勘定科目	親会社	A社	B社	合計①	個別財務諸表金額②	差額③=②-①	チェック（③<0の場合にエラー）
100200	売掛金							
100500	前払費用							
100600	未収収益							
100700	短期貸付金							
101000	未収入金							
101500	その他流動資産							
130400	長期貸付金							
200000	買掛金							
200100	短期借入金							
200200	1年以内返済長期借入金							
200300	未払金							
201200	その他流動負債							
210200	長期借入金							
210600	その他固定負債							

<会社数が多い場合(行項目:会社,列項目:勘定科目)>

区分	債権						
勘定科目	100200	100500	100600	100700	101000	101500	130400
	売掛金	前払費用	未収収益	短期貸付金	未収入金	その他流動資産	長期貸付金
親会社							
A社							
B社							
C社							
D社							
E社							
F社							
G社							
H社							
合計①							
個別財務諸表金額②							
差額③=②-①							
チェック(③<0の場合にエラー)							

③ たな卸資産内部取引明細

連結決算作業の中で未実現損益の消去を行うため,貸借対照表の製品,商品,仕掛品,材料等のたな卸資産に含まれている,親会社または他の連結子会社から購入したものの残高を収集する必要があります。関係会社間債権債務,関係会社間取引と同様に,個別財務諸表の内訳金額であるため,個別財務諸表との整合性を子会側でチェックできるよう工夫しておくことが必要です。また,未実現損益の計算を商品別に計算する場合には,各社から集めるデータも商品別

に収集する必要があります。未実現損益消去の方針に基づいて集める単位を決定します。

図表1-2-7　たな卸資産内部取引明細のサンプルフォーマット＜商品別のケース＞

購入元（販売会社）	勘定科目	商品種類		在庫金額（低価法適用前）	たな卸資産評価損	在庫金額（簿価）
親会社	100400	商品	商品1			
親会社	100400	商品	商品2			
親会社	100400	商品	商品3			
A社	100400	商品	商品1			
A社	100400	商品	商品2			
B社	100400	商品	商品3			
合計①						
個別財務諸表金額②						
差引③＝②－①						
チェック（③＜0の場合にエラー）						

④　勘定科目増減明細

連結キャッシュ・フロー計算書を作成するうえで，投資活動および財務活動に関する資産および負債については，前期と当期の差額ではなく当期中の増加と減少を内容別に収集する必要があります。個別財務諸表の勘定科目の増減明細であるため，期首残高は前期の個別財務諸表の金額と一致し，期末残高は当期の個別財務諸表の金額と一致していなければなりません。よって，これも各社が入力時にチェックできるよう工夫をしておく必要があります。

図表1-2-8 勘定科目増減明細(固定資産)のサンプルフォーマット

	勘定科目	期首残高①	当期増加		当期減少			期末残高②	前期個別財務諸表金額③	当期個別財務諸表金額④	期首一致チェック①=③	期末一致チェック②=④
			取得	振替	売却	除却	減損	振替				
110000	建物											
110100	建物減価償却累計額											
110600	機械装置											
110700	機械装置減価償却累計額											
111200	土地											
111300	建設仮勘定											
120100	ソフトウェア											
120200	ソフトウェア仮勘定											
120300	その他無形固定資産											

図表1-2-9 勘定科目増減明細(貸付け、借入れ)のサンプルフォーマット

	勘定科目	期首残高①	当期増加		当期減少			期末残高②	前期個別財務諸表金額③	当期個別財務諸表金額④	期首一致チェック①=③	期末一致チェック②=④
			発生	長期から振替	返済	短期へ振替						
100700	短期貸付金											
130400	長期貸付金											
200100	短期借入金											
200200	1年以内返済長期借入金											
210200	長期借入金											

⑤ セグメント明細

複数の報告セグメントに属する会社の場合，各社の個別財務諸表の金額のうち，セグメント情報を作成する勘定科目について，セグメント別の金額を収集する必要があります。例えば，セグメント利益が営業利益の場合には，売上高，売上原価，販売費及び一般管理費までの各科目を当該会社が属するセグメント別に収集します。なお，勘定科目別ではなく，販売費及び一般管理費合計などの合計金額だけを収集している場合もあります。また，この明細も個別財務諸表の内訳明細なので，個別財務諸表との整合性のチェックができるように工夫が必要です。

図表1-2-10 セグメント明細のサンプルフォーマット

グループ科目コード	勘定科目	個別財務諸表金額①	セグメント1	セグメント2	セグメント3	合計②	チェック①＝②
400100	売上高						
500100	売上原価						
599999	売上総利益						
600100	従業員給与						
600200	従業員賞与						
600600	貸倒引当金繰入額						
600700	貸倒損失						
601200	雑給，通勤手当						
601500	賞与引当金繰入額						
601600	退職金						
601700	退職給付引当金繰入額						
601800	法定福利費						
602000	水道光熱費						
602300	地代家賃						

602400	通信費							
602500	租税公課							
602600	支払手数料							
603000	減価償却費							
603100	広告宣伝費							
603300	旅費交通費							
603400	教育会議費							
603600	業務委託料							
604200	その他販管費							
609999	販管費合計							
699999	営業利益							

(4) 連結パッケージのチェック

各社から収集するデータについて、データ内部や他のデータとの間で整合性を取る必要があるものについては、各社側でデータを入力する際に整合性をチェックできるよう、連結パッケージ内に設定をしておく必要があります。主なチェック項目は以下のとおりです。

図表1-2-11　連結パッケージのチェック項目

チェック対象	チェック項目	チェック内容
個別財務諸表	貸借対照表の貸借一致チェック	資産合計と負債・純資産合計が一致しているかどうかのチェック
個別財務諸表	当期純利益の一致チェック	損益計算書の当期純利益と株主資本等変動計算書（利益剰余金）の当期純利益が一致しているかどうかのチェック
個別財務諸表	資本金，資本剰余金，利益剰余金等の一致チェック	貸借対照表の資本剰余金，利益剰余金等と株主資本等変動計算書（資本剰余金，利益剰余金等）の期末残高が一致しているかどうかのチェック

個別財務諸表	純資産項目の期首残高チェック	株主資本等変動計算書の期首残高と前期の期末残高が一致しているかどうかのチェック
個別財務諸表 関係会社間債権債務，関係会社間損益取引	関係会社間債権債務，損益取引と個別財務諸表金額との大小チェック（または一致チェック）	関係会社間債権債務・損益取引の金額が，個別財務諸表に入力された金額を上回っていないかどうかのチェック
個別財務諸表 たな卸資産内部取引明細	たな卸資産内部取引明細と個別財務諸表金額との大小チェック（または一致チェック）	たな卸資産内部取引明細の金額が，個別財務諸表に入力された金額を上回っていないかどうかのチェック
個別財務諸表 勘定科目増減明細	勘定科目増減明細の期末残高と個別財務諸表金額との一致チェック	勘定科目増減明細に入力された各勘定科目の期末残高と当期の個別財務諸表の残高が一致しているかどうかのチェック
個別財務諸表 勘定科目増減明細	勘定科目増減明細の期首残高と前期の個別財務諸表金額との一致チェック	勘定科目増減明細に入力された各勘定科目の期首残高と前期の個別財務諸表の残高が一致しているかどうかのチェック
勘定科目増減明細	科目間振替額，長期短期振替額の一致チェック	建設仮勘定から固定資産の本勘定への振替え，貸付金・借入金の長期と短期の振替額が一致しているかどうかのチェック
セグメント別科目明細	セグメント別科目明細と個別財務諸表金額との一致チェック（または大小チェック）	セグメント別科目明細のセグメント別金額の合計額が，個別財務諸表の各勘定科目の金額と一致しているかどうかのチェック

3 子会社への展開

(1) 子会社の勘定科目体系の確認

　連結パッケージを子会社に展開するにあたり，子会社がどのような勘定科目を利用しているかを調査する必要があります。もし，連結パッケージに含めた科目で足りないものがあれば，その追加を検討します。

まず，子会社の勘定科目体系（個別会計上の勘定科目一覧）を確認し，どのような科目を利用しているかを整理します。科目の利用用途が不明の場合には，子会社に問い合わせを行って，具体的な内容を確認します。

(2) 科目対比表の作成

上記(1)で調査した子会社の勘定科目と，親会社で利用している連結財務諸表上の勘定科目（連結パッケージ上で設定した勘定科目）との対比表を作成します。

連結財務諸表作成において，同一内容の科目は集約する必要があるため，この対比表は非常に重要です。

一度作成したら，その後は双方で常に確認し追加や修正が行えるよう，管理ルール（例えば子会社側で新たに勘定科目を追加した場合には，どのように親会社に連絡するか，対比表はどちらがメンテナンスするのかなど）をあらかじめ決めておく必要があります。

(3) 子会社の会計処理の確認

子会社の会計処理の調査を行います。子会社の会計処理と親会社の会計処理が異なる場合，連結財務諸表作成上は原則として親会社の会計処理に合わせる必要があるため，親会社の会計処理との違いを把握します。

子会社の会計処理自体が連結パッケージの入力に直接影響があるわけではありませんが，親会社と異なる会計処理があり，それを連結上だけで修正しなければならない場合に，その情報を連結パッケージ上でどのように収集するかを検討する必要があります。

(4) 個別修正の要否の検討

　子会社が作成した個別財務諸表の数値を，連結財務諸表作成上，修正する必要があるか否かを検討します。

　例えば，(3)で子会社の会計処理が親会社と異なる場合で，当該処理が重要であり，子会社の会計処理を親会社に合わせるために修正が必要となる場合など，個別修正が必要か否かをそれぞれ判断します。

　特に在外子会社がある場合には，在外子会社で採用している会計処理が親会社の会計処理と異なるケースもあるため，それを修正する必要があるのかどうかを事前に検討しておくことが必要です。

(5) 個別修正方法の検討

　上記(4)で，個別財務諸表の修正が必要であると判断した場合，それを子会社側，親会社側のどちらで実施するかを検討します。

　子会社側で修正してもらう場合には，子会社側にそれを説明し，修正後の財務諸表を連結パッケージに入力してもらうことになります。

　一方，親会社で修正する（連結財務諸表上で修正する）場合には，修正仕訳を作成するための元データをあらかじめ子会社から収集しておく必要があります。どのような項目を収集する必要があるかを検討し，その収集項目もしくは修正仕訳の内容を前述の連結パッケージに入力できるよう，収集項目の追加，もしくは修正欄を追加しておく必要があります。

(6) 子会社用マニュアルの整備，子会社説明会の実施

　各社に連結パッケージを入力して提出してもらうにあたり，事前に各社に対してどのような項目がなぜ必要なのか，また，どういう点に注意して入力する必要があるかなどの説明を行います。子会社の担当者を集めて説明会を実施す

る場合もあれば，子会社用の簡単なマニュアルを作成して，それを子会社に配布する場合もあります。

　連結決算作業をすみやかに効率的に行うためには，子会社から早く正確に必要な情報を収集することが非常に重要です。仮に子会社からのデータ提出が早かったとしても，親会社側でチェックをした結果，整合性が取れておらず差し戻しということになると，それだけで余計な時間がかかってしまいます。手戻りを防ぐためには，連結パッケージを構築する際に以下の点を考慮して作成しておく必要があります。

・シンプルなフォーマット
　複雑すぎると子会社側で理解ができず，わからないところは空欄にしてしまうというリスクがあります。よって，できるだけシンプルにわかりやすいフォーマットにしておく必要があります。

・セルフチェック機能の充実
　②(3)で記載したとおり，整合性の確認が必要な項目については，子会社側で入力時に確認できる仕組みを設定しておく必要があります。例えば，個別財務諸表の貸借が一致しているかどうか，前期末の利益剰余金と当期首の利益剰余金が一致しているかどうかなど，子会社側でセルフチェックができる仕組みづくりが非常に重要となります。

　また，決算後の反省会などを実施することも必要です。反省会では，連結パッケージの入力でどこに問題があったか，今後はどのように入力してほしいかなどのフィードバックを行い，次回に向けての改善事項を共有します。

　限られた時間の中で連結決算作業を行っているため，子会社が入力した連結パッケージを子会社に差し戻さずに親会社側で修正するというケースがよくあります。そのような場合には，決算後にどの部分を親会社側で修正したのかを子会社にフィードバックしていくことで子会社側でも間違いを認識でき，その結果，連結パッケージの精度が上がり，ひいては親会社側の作業負荷の低減につながるのです。

第2章

連結精算表作成手続の整備

1 資本連結

(1) 資本連結とは

　資本連結とは，親会社の子会社に対する投資とこれに対応する子会社の資本を相殺消去し，消去差額が生じた場合には当該差額をのれんとして計上するとともに，子会社の資本のうち親会社に帰属しない部分を非支配株主持分に振り替える一連の手続のことをいいます。

　ある会社が他の会社の支配を獲得すると，その日から当該他の会社はある会社の子会社となります。原則として，すべての子会社を連結の範囲に含める必要があるため，支配を獲得した日から，当該会社の個別財務諸表を連結財務諸表に取り込む必要があります。

　資本連結において必要となる連結消去・修正仕訳は以下のとおりです。

---
① 投資と資本の相殺消去
② 支配獲得後剰余金等の非支配株主持分への按分（100％子会社ではない場合）
③ のれんの償却

　また，毎期連結消去・修正仕訳が必要となるわけではありませんが，該当する取引が生じた場合に追加的に仕訳が必要となるものは以下のとおりです。

---
④ 子会社株式の減損の戻し

---

① 投資と資本の相殺消去

　親会社の投資と子会社の資本を相殺消去する仕訳です。当期以前から連結している会社については，開始仕訳として前期以前の投資と資本の相殺消去仕訳

を引き継ぎます。当期に子会社の増資や減資，子会社株式の追加取得や一部売却等などの資本取引が生じた場合には，開始仕訳以外にも当期の資本取引に基づく連結消去・修正仕訳が必要となります。

（支配獲得時の仕訳）

資　本　金	XXX	子 会 社 株 式	XXX
資 本 剰 余 金	XXX	非支配株主持分	XXX
利 益 剰 余 金	XXX		
の　れ　ん	XXX		

（開始仕訳）

資本金期首残高	XXX	子 会 社 株 式	XXX
資本剰余金期首残高	XXX	非支配株主持分期　首　残　高	XXX
利益剰余金期首残高	XXX		
の　れ　ん	XXX		

② **支配獲得後剰余金等の非支配株主持分への按分（100％子会社ではない場合）**

100％子会社でない場合には，当該子会社が支配獲得後に計上した利益剰余金のうち，親会社持分とならない金額を非支配株主持分に按分する仕訳が必要となります。前期以前に行った仕訳は開始仕訳として引き継ぎ，当期に増減した金額を非支配株主持分に按分します。按分すべき項目は具体的には以下のとおりです。

a．当期純損益の按分

（当期仕訳）

非支配株主に帰属する当期純利益（非支配株主損益）	※XXX	非支配株主持分	XXX

※ 当期純利益のうち親会社株主に帰属しない金額（利益剰余金の減少項目）

（開始仕訳）

| 利益剰余金期首残高 | XXX | / | 非支配株主持分 | XXX |

b．配当金の按分

（当期仕訳）

| 非支配株主持分 | ※XXX | / | 支払配当金 | XXX |

※ 支払配当金のうち親会社株主に帰属しない金額

（開始仕訳）

| 非支配株主持分 | XXX | / | 利益剰余金期首残高 | XXX |

なお，親会社等が受け取った金額は内部取引として受取配当金と相殺消去します。

参考：配当金の相殺消去

（当期仕訳）

| 受 取 配 当 金 | XXX | / | 支 払 配 当 金 | XXX |

（開始仕訳）

なし

c．その他の包括利益の按分

（当期仕訳）

| その他有価証券評価差額金（非支配株主に係る包括利益） | ※XXX | / | 非支配株主持分 | XXX |

※ 当期のその他の包括利益（この仕訳例では「その他有価証券評価差額金」）のうち

親会社株主持分以外の金額（その他の包括利益累計額の減少項目）

（開始仕訳）

| その他有価証券評価差額金期首残高 | XXX / 非支配株主持分 | XXX |

③ のれんの償却

支配獲得時に発生したのれんについては，発生後20年以内に定額法その他合理的な方法によって償却（月割）する必要があります。また，期末においては減損の必要性の有無も検討する必要があります。

（当期仕訳）

| のれん償却 | XXX / のれん | XXX |

（開始仕訳）

| 利益剰余金期首残高 | XXX / のれん | XXX |

④ 子会社株式の減損の戻し

子会社の業績が思わしくなく，子会社株式を保有している会社で減損処理を行っている場合，連結上は個別上で行った減損処理をいったん戻す仕訳を行ってから投資と資本の相殺消去を行う必要があります。

（当期仕訳）　減損処理を行った年度

| 子 会 社 株 式 | XXX / 子会社株式評価損 | XXX |

（開始仕訳）

| 子 会 社 株 式 | XXX / 利益剰余金期首残高 | XXX |

資本連結の仕訳を漏れなく適正に行うために，期中に持分の変動等があった場合には，事前に各社から必要な情報を収集して，あるべき連結消去・修正仕

訳を検討しておく必要があります。また，実際の仕訳を行った後は，理論値との比較を行って，適正に仕訳が行われているかを確認する必要があります。

(2) 事前確認事項

　当期において新たな資本取引が一切なく，子会社株式の追加取得や一部売却もなく，すべて100％子会社であれば，資本連結については前期の仕訳を当期に引き継ぐための開始仕訳を行うだけで済みますが，新たな資本取引が発生した場合には，当期の連結財務諸表を作成するうえで，開始仕訳とは別に当期の連結消去・修正仕訳が必要となります。当期仕訳が必要となるのは，当期間中に行われた資本取引です。当期間中にどのような資本取引が行われたかは，決算日を待たなくても情報収集することができます。

　決算日の前に当期どのような資本取引等が生じたかを確認し，その内容に応じて連結消去・修正仕訳を事前に検討しておくことが必要となります。

図表2-1-1　資本連結に関する事前確認事項

1．新規連結子会社の有無
・新規子会社の取得はないか
・持分比率が増加したことで連結子会社となる会社はないか
・重要性が増したことで連結すべき会社はないか
2．連結除外会社の有無
・連結子会社ではなくなる会社はないか
3．持分比率の変動の有無
・子会社株式の追加取得，一部売却はないか（親会社が直接保有している場合だけでなく，子会社が他の子会社の株式を保有している場合も含む）
4．その他の資本取引等
・子会社の合併はないか（子会社同士の合併，外部会社との合併）
・子会社の資本取引（増資，減資）はないか
・子会社による子会社自身の株式の取得，売却はないか
・子会社による親会社株式の取得・売却はないか

子会社株式の追加取得や一部売却等が子会社の決算日以外の日付で行われた場合，前後いずれかの決算日（四半期も含む）に当該取引が行われたとみなして処理をすることができます。当期に資本取引が存在する場合，期末みなし（当期（四半期も含む）の決算日に取引が行われたとみなす）でなければ，決算日を待たなくても処理を確定することができるため，具体的な数値および仕訳を検討し，監査法人等に事前の確認をしておくとよいでしょう。

また，期末みなしとなる取引については，子会社の資本の確定は期末にならないと行えないので，子会社の資本以外の情報のみ事前に整理し，決算日後，子会社の資本が確定したらすぐに仕訳を確定できる準備をしておくことが必要となります。

(3) 持分推移表の作成

資本連結の仕訳が漏れなく適正に行われたかどうかを確認するための1つの手段として，持分推移表を作成して確認する方法があります。

持分推移表とは，新規に子会社となってからの子会社の資本の推移を記したもので，後述の理論値チェックにも利用することができます。特に100％子会社ではない会社が存在する場合には，非支配株主持分の残高を各社ごとに整理する目的で，持分推移表を作成しておくことをお勧めします。

持分推移表はいろいろな形がありますが，基本的に記載しておくべき項目は以下のとおりです。

- ・子会社の資本の推移
- ・親会社等の投資の推移
- ・子会社の資本のうち，親会社株主持分と非支配株主持分の内訳金額

持分推移表のサンプルは以下のとおりです。

図表2-1-2　持分推移表サンプル

項目	持分比率	資本金	資本剰余金	利益剰余金	その他の包括利益累計額	純資産合計
個別財務諸表金額						
当期首残高		50,000	50,000	10,000	5,000	115,000
当期増減				1,000	500	1,500
当期末残高		50,000	50,000	11,000	5,500	116,500
親会社持分金額						
当期首残高	80.00%	40,000	40,000	8,000	4,000	92,000
当期増減	80.00%			800	400	1,200
当期末残高	80.00%	40,000	40,000	8,800	4,400	93,200
非支配株主持分金額						
当期首残高	20.00%	10,000	10,000	2,000	1,000	23,000
当期増減	20.00%			200	100	300
当期末残高	20.00%	10,000	10,000	2,200	1,100	23,300

(4) のれん償却スケジュール表の作成

のれんの残高がある場合，各会社で発生したのれんを発生年度ごとに整理し，償却年数に基づいてあらかじめ償却スケジュールを作っておく必要があります。

図表2-1-3　のれん償却スケジュール表サンプル

会社名	償却開始年月	償却年数	発生額	20X1/03	20X2/03	20X3/03	20X4/03	20X5/03	20X6/03	20X7/03
A社	20X0/10	3年	150,000	25,000	50,000	50,000	25,000			
B社	20X1/04	3年	90,000		30,000	30,000	30,000			
C社	20X2/04	3年	120,000			40,000	40,000	40,000		
D社	20X3/01	3年	300,000			25,000	100,000	100,000	75,000	
E社	20X4/04	3年	330,000					110,000	110,000	110,000

(5) 理論値チェック

　当期の資本連結に関する連結消去・修正仕訳が正しく行われているかどうかを確認するために，理論値チェックを行います。

　理論値チェックは，連結財務諸表上でどうあるべきかという金額を理論値として算出し，その金額と連結精算表上の金額をチェックすることで連結消去・修正仕訳の漏れや誤りを発見するためのものです。

　もちろん，連結消去・修正仕訳をすべて精査し，計算過程の確認をすることで，計算が正しいかどうかについては確認することができますが，連結消去・修正仕訳に漏れがあった場合にはこの方法では発見することができません。

　よって，連結消去・修正仕訳に抜け漏れがないかを確認するうえでは，この理論値チェックが非常に有効な手段となります。

　理論値チェックを理解するために，それぞれ，100％子会社のケース，100％子会社ではないケース，持分法適用会社のケースに分けて，理論値の算出のしかたと簡単な数値例で確認をしておきましょう。

① 100％子会社のケース

　100％子会社の場合，支配獲得時の子会社の資本は親会社の投資と全額消去されます。また，のれんが発生している場合には，償却年数に基づいてのれんの償却を行います。

図表 2-1-4　100％子会社の場合の資本連結のイメージ

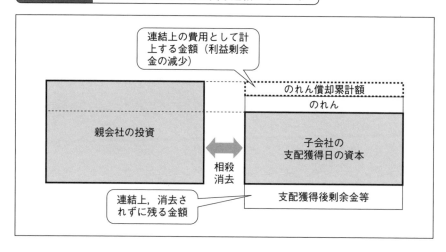

よって，連結財務諸表上の純資産項目等の理論値は以下のようになります。

図表 2-1-5　100％子会社の場合の理論値

項目	理論値
資本金	親会社の資本金と同額
資本剰余金	親会社の資本剰余金と同額
利益剰余金	親会社の利益剰余金と子会社の支配獲得後利益剰余金の合計から，のれんの償却累計額を控除し，未実現損益消去等の連結消去・修正仕訳による利益剰余金の調整額を加減算した金額
その他の包括利益累計額	親会社の評価・換算差額と子会社の支配獲得後の評価・換算差額等の合計額
評価差額（資本連結）	ゼロ
新株予約権	親会社と子会社の新株予約権の合計額
非支配株主持分	ゼロ
子会社株式	ゼロ
のれん	のれん未償却残高（発生額－償却累計額）

第 2 章　連結精算表作成手続の整備　39

それでは，簡単な数値例で確認しておきましょう。

設例 2 − 1 − 1　100％子会社の場合の理論値

下記の前提条件に基づいて，当期の連結精算表の各項目の理論値を計算しなさい。
（前提条件）
- P社は前期末にS社の発行済株式総数の100％を10,000で取得し，連結子会社としている。
- 支配獲得時のS社の資本勘定は，資本金5,000，利益剰余金2,000，その他有価証券評価差額金500であった。
- 支配獲得時のS社の資産のうち，土地（簿価2,000）の時価は3,000であった（税効果は考慮しない）。
- P社の当期の資本勘定は，資本金100,000，利益剰余金10,000，その他有価証券評価差額金1,000であった。
- S社の当期の資本勘定は，資本金5,000，利益剰余金3,000，その他有価証券評価差額金800であった。
- のれんは当期から5年間で定額法により償却を行う。
- なお，理論値を求めるにあたって資本連結以外の内容は考慮しない。

【解答】

項目	理論値	計算方法
資本金	100,000	P社の資本金
利益剰余金	10,700	P社の利益剰余金10,000＋S社の支配獲得後利益剰余金1,000－のれん償却費300
その他有価証券評価差額金	1,300	P社のその他有価証券評価差額金1,000＋S社の支配獲得後その他有価証券評価差額金300
評価差額（資本連結）	0	
非支配株主持分	0	
子会社株式	0	
のれん	1,200	のれん発生額1,500÷5年×4年

【解説】

100％子会社の場合，子会社の支配獲得後の利益剰余金やその他有価証券評

価差額金はそのまま連結財務諸表に合算されます。連結精算表で確認しておきましょう。

図表 2-1-6　設例 2-1-1 の連結精算表

項目	P社	S社	単純合算	子会社の資産・負債の時価評価	投資と資本の消去	のれん償却	連結財務諸表
：	：	：	：				：
土地	－	2,000	2,000	1,000			3,000
のれん	－	－	－		1,500	△300	1,200
子会社株式	10,000	－	10,000		△10,000		
：	：	：	：				：
資産合計	XXX	XXX	XXX	1,000	△8,500	△300	XXX
資本金	100,000	5,000	105,000		△5,000		100,000
利益剰余金	10,000	3,000	13,000		△2,000	△300	10,700
評価差額（資本連結）	－	－	－	1,000	△1,000		
その他有価証券評価差額金	1,000	800	1,800		△500		1,300
非支配株主持分	－	－	－				－
負債・純資産合計	XXX	XXX	XXX	1,000	△8,500	△300	XXX

　連結精算表を見てわかるとおり，投資と資本の消去において子会社の支配獲得時の資本勘定は全額消去されるため，連結財務諸表には，子会社の支配獲得後に発生した金額しか残らないということになります。

　当期の資本連結に関する連結消去・修正仕訳は以下のようになります。

（子会社の資産・負債の時価評価）

土　　　　　地	1,000	／	評　価　差　額	1,000

　※　土地時価3,000－土地簿価2,000＝1,000

(投資と資本の消去)

資　本　金	※1 5,000		子会社株式	※3 10,000
利益剰余金	※1 2,000			
その他有価証券評価差額金	※1 500			
評　価　差　額	※2 1,000			
の　れ　ん	※4 1,500			

※1　支配獲得時の子会社資本勘定の金額
※2　子会社の資産・負債の時価評価で計上した評価差額
※3　親会社の投資勘定の金額
※4　貸借差額

(のれん償却)

のれん償却	300	/	の　れ　ん	300

※　1,500÷5年＝300

② 100％子会社ではないケース

100％子会社ではない場合，支配獲得時の子会社の資本のうち親会社持分は投資と消去し，残りは非支配株主持分に按分します。また，支配獲得後の子会社の剰余金のうち，親会社の持分にならない部分は非支配株主持分に按分します。のれんは100％子会社の場合と同様に当初の償却年数に基づいて定期的に償却を行います。

図表2-1-7　100%子会社ではない場合の資本連結のイメージ

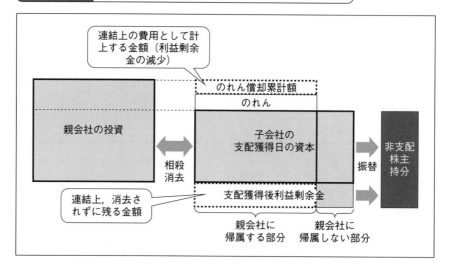

よって，連結財務諸表上の純資産項目等の理論値は以下のようになります。

図表2-1-8　100%子会社ではない場合の理論値

項目	理論値
資本金	親会社の資本金と同額
資本剰余金	親会社の資本剰余金に，子会社所有の親会社株式の売却損益，子会社株式の追加取得や一部売却（支配継続）があった場合の差額を加減算した金額
利益剰余金	親会社の利益剰余金と子会社の支配獲得後利益剰余金×親会社持分（途中で持分比率が変わった場合には，その都度の比率を乗じた金額）の合計から，のれんの償却累計額を控除し，未実現損益消去等の連結消去・修正仕訳による利益剰余金の調整額を加減算した金額
その他の包括利益累計額	親会社の評価・換算差額と子会社の支配獲得後の評価・換算差額等×親会社持分（途中で持分比率が変わった場合には，その都度の比率を乗じた金額）の合計額
評価差額（資本連結）	ゼロ

新株予約権	親会社と子会社の新株予約権の合計額
非支配株主持分	子会社の期末資本×（1－親会社持分比率）に期末の未実現損益等の非支配株主持分を加減算した金額
子会社株式	ゼロ
のれん	のれん未償却残高（発生額－償却累計額）

それでは，簡単な数値例で確認しておきましょう。

設例2-1-2　100％子会社ではない場合（持分比率の変動がない場合）の理論値

下記の前提条件に基づいて，当期の連結精算表の各項目の理論値を計算しなさい。
（前提条件）
・P社は前期末にS社の発行済株式総数の80％を8,000で取得し，連結子会社としている。
・支配獲得時のS社の資本勘定は，資本金5,000，利益剰余金2,000，その他有価証券評価差額金500であった。
・支配獲得時のS社の資産のうち，土地（簿価2,000）の時価は3,000であった（税効果は考慮しない）。
・P社の当期の資本勘定は，資本金100,000，利益剰余金10,000，その他有価証券評価差額金1,000であった。
・S社の当期の資本勘定は，資本金5,000，利益剰余金3,000，その他有価証券評価差額金800であった。
・のれんは当期から5年間で定額法により償却を行う。
・なお，理論値を求めるにあたって資本連結以外の内容は考慮しない。

【解答】

項目	理論値	計算方法
資本金	100,000	P社の資本金
利益剰余金	10,560	P社の利益剰余金10,000＋S社の支配獲得後利益剰余金1,000×80％－のれん償却費240
その他有価証券評価差額金	1,240	P社のその他有価証券評価差額金1,000＋S社の支配獲得後その他有価証券評価差額金300×80％
評価差額（資本連結）	0	

非支配株主持分	1,960	S社資本（5,000＋3,000＋800＋1,000）×20%
子会社株式	0	
のれん	960	のれん発生額1,200÷5年×4年

【解説】

　100％子会社ではない場合，子会社の支配獲得後の利益剰余金やその他有価証券評価差額金のうち，親会社持分以外の部分は非支配株主持分へ按分します。よって，連結財務諸表に残る金額は，親会社持分のみとなります。それでは，連結精算表で確認しておきましょう。

図表2-1-9　設例2-1-2の連結精算表

項　目	P社	S社	単純合算	子会社の資産・負債の時価評価	投資と資本の消去	当期純損益の按分，その他評価差額金の按分	のれん償却	連結財務諸表
⋮	⋮	⋮	⋮					⋮
土地	—	2,000	2,000	1,000				3,000
のれん	—	—	—		1,200		△240	960
子会社株式	8,000	—	8,000		△8,000			—
⋮	⋮	⋮	⋮					⋮
資産合計	XXX	XXX	XXX	1,000	△6,800	0	△240	XXX
資本金	100,000	5,000	105,000		△5,000			100,000
利益剰余金	10,000	3,000	13,000		△2,000	△200	△240	10,560
評価差額（資本連結）	—	—	—	1,000	△1,000			—
その他有価証券評価差額金	1,000	800	1,800		△500	△60		1,240
非支配株主持分	—	—	—		1,700	260		1,960
負債・純資産合計	XXX	XXX	XXX	1,000	△6,800	0	△240	XXX

当期の資本連結に関する連結消去・修正仕訳は以下のようになります。

(子会社の資産・負債の時価評価)

土　　　地	1,000	評　価　差　額	1,000

　※　土地時価3,000 − 土地簿価2,000 = 1,000

(投資と資本の消去)

資　本　金	※1 5,000	子 会 社 株 式	※3 8,000
利 益 剰 余 金	※1 2,000	非支配株主持分	※4 1,700
その他有価証券評価差額金	※1 500		
評　価　差　額	※2 1,000		
の　れ　ん	※5 1,200		

※1　支配獲得時の子会社資本勘定の金額
※2　子会社の資産・負債の時価評価で計上した評価差額
※3　親会社の投資勘定の金額
※4　(5,000 + 2,000 + 500 + 1,000) × 20% = 1,700
※5　貸借差額　または　8,000 − (5,000 + 2,000 + 500 + 1,000) × 80% = 1,200

(支配獲得後利益剰余金の按分)

利 益 剰 余 金 (非支配株主損益)	200	非支配株主持分	200

　※　支配獲得後利益剰余金 (3,000 − 2,000) × 20% = 200

(支配獲得後その他有価証券評価差額金の按分)

その他有価証券 評 価 差 額 金	60	非支配株主持分	60

　※　支配獲得後その他有価証券評価差額金 (800 − 500) × 20% = 60

(のれん償却)

利 益 剰 余 金 (のれん償却)	240	の　れ　ん	240

　※　1,200 ÷ 5年 = 240

それでは，途中で持分比率の変動があった場合の，理論値はどのようになるか確認しておきましょう。

設例2-1-3　100％子会社ではない場合（持分比率の変動がある場合）の理論値

下記の前提条件に基づいて，当期の連結精算表の各項目の理論値を計算しなさい。

（前提条件）
- P社は前々期末にS社の発行済株式総数の80％を8,000で取得し，連結子会社としている。
- 支配獲得時のS社の資本勘定は，資本金5,000，利益剰余金2,000，その他有価証券評価差額金500であった。
- 支配獲得時のS社の資産のうち，土地（簿価2,000）の時価は3,000であった（税効果は考慮しない）。
- P社は当期首にS社の発行済株式総数の10％を900で追加取得した。
- S社の前期の資本勘定は，資本金5,000，利益剰余金3,000，その他有価証券評価差額金800であった。
- P社の当期の資本勘定は，資本金100,000，利益剰余金12,000，その他有価証券評価差額金1,500であった。
- S社の当期の資本勘定は，資本金5,000，利益剰余金4,000，その他有価証券評価差額金1,000であった。
- のれんは前期から5年間で定額法により償却を行う。
- なお，理論値を求めるにあたって資本連結以外の内容は考慮しない。

【解答】

項目	理論値	計算方法
資本金	100,000	P社の資本金
資本剰余金	80	S社株式追加取得時の差額
利益剰余金	13,220	P社の利益剰余金12,000＋S社の前期支配獲得後利益剰余金1,000×80％＋S社の当期支配獲得後利益剰余金1,000×90％－のれん償却費240×2年
その他有価証券評価差額金	1,920	P社のその他有価証券評価差額金1,500＋S社の前期支配獲得後その他有価証券評価差額金300×80％＋S社の当期支配獲得後その他有価証券評価差額金200×90％

評価差額（資本連結）	0	
非支配株主持分	1,100	S社の当期末資本(5,000＋4,000＋1,000＋1,000)×10%
子会社株式	0	
のれん	720	のれん発生額1,200÷5年×3年

【解説】

途中で持分の変動があった場合の連結財務諸表上の利益剰余金の計算は，少し複雑になります。連結財務諸表上の利益剰余金の金額は，Ｐ社の利益剰余金と，Ｓ社の利益剰余金のうち親会社持分を合算した金額からのれん償却額を控除した金額となるので，途中で持分が変動した場合には，変動する前と後で親会社持分となる金額が変わります。よって，支配獲得後利益剰余金に期末の持分比率を乗じて計算するのではなく，持分比率変動前と後に分けて，それぞれ親会社持分となる金額を計算する必要があります。

図表2-1-10　100％子会社ではない場合（持分比率の変動がある場合）の資本連結のイメージ

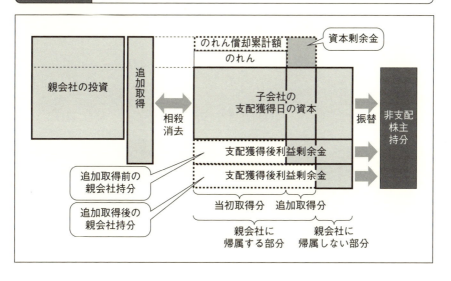

それでは，連結精算表で確認しておきましょう。

図表2-1-11　設例2-1-3の連結精算表

項目	P社	S社	単純合算	開始仕訳	追加取得時の仕訳	当期純損益の按分，その他評価差額金の按分	のれん償却	連結財務諸表
⋮	⋮	⋮	⋮					⋮
土地	−	2,000	2,000	1,000				3,000
のれん	−	−	−	960			△240	720
子会社株式	8,900	−	8,900	△8,000	△900			−
⋮	⋮	⋮	⋮					⋮
資産合計	XXX	XXX	XXX	△6,040	△900	0	△240	XXX
資本金	100,000	5,000	105,000	△5,000				100,000
資本剰余金	−	−	−		80			80
利益剰余金	12,000	4,000	16,000	△2,440		△100	△240	13,220
その他有価証券評価差額金	1,500	1,000	2,500	△560		△20		1,920
非支配株主持分	−	−	−	1,960	△980	120		1,100
負債・純資産合計	XXX	XXX	XXX	△6,040	△900	0	△240	XXX

当期の資本連結に関する連結消去・修正仕訳は以下のようになります。

（開始仕訳）　前期の仕訳の合計

土　　　地	1,000	／	評　価　差　額	1,000

資　本　金	5,000	子 会 社 株 式	8,000
利 益 剰 余 金	※1 2,440	非支配株主持分	※4 1,960
その他有価証券評価差額金	※2 560		
評　価　差　額	1,000		
の　れ　ん	※3 960		

※1 支配獲得時利益剰余金2,000＋支配獲得後利益剰余金1,000×20％＋のれん償却費240＝2,440
※2 支配獲得時その他有価証券評価差額金500＋支配獲得後その他有価証券評価差額金300×20％＝560
※3 1,200÷5年×4年＝960（期首のれん未償却残高）
※4 子会社期首資本勘定（5,000＋3,000＋800＋1,000）×20％＝1,960

（追加取得時の仕訳）

非支配株主持分 ※1 980	子会社株式 900
	資本剰余金 ※2 80

※1 追加取得時のS社資本（5,000＋3,000＋800＋1,000）×10％＝980
※2 貸借差額

（当期の支配獲得後利益剰余金の按分）

利益剰余金 （非支配株主損益） 100	非支配株主持分 100

※ 支配獲得後利益剰余金（4,000－3,000）×10％＝100

（当期の支配獲得後その他有価証券評価差額金の按分）

その他有価証券 評価差額金 20	非支配株主持分 20

※ 支配獲得後その他有価証券評価差額金（1,000－800）×10％＝20

（のれん償却）

利益剰余金 （のれん償却） 240	のれん 240

※ 1,200÷5年＝240

なお，当設例におけるS社の資本勘定の推移と，親会社の持分額とを整理すると以下のようになります。

図表2-1-12　設例2-1-3の持分変動

	(A) 支配獲得時資本		(B) 前期		前期末資本	持分移動		当期		当期末資本
資本金		5,000	—		5,000	—		—		5,000
利益剰余金		2,000	80%	800	3,000			90%	900	4,000
			20%	200				10%	100	
その他有価証券評価差額金		500	80%	240	800			90%	180	1,000
			20%	60				10%	20	
評価差額		1,000	—		1,000	—		—		1,000
合計		8,500		1,300	9,800	—			1,200	11,000
親会社持分	80%	①6,800	80%	1,040	7,840	+10%	980	90%	1,080	90% 9,900
非支配株主持分	20%	1,700	20%	260	1,960	△10%	△980	10%	120	10% 1,100
投資金額		②8,000	—		8,000		900	—		8,900
のれん		②−①1,200		△240	960	—			△240	720
差額（資本剰余金）					(貸方)80	—				(貸方)80

　上表の中の(A)と(B)の箇所で網掛けにした金額が，開始仕訳の金額となっています。連結財務諸表上には親会社の金額しか残らないため，親会社の持分にならない金額を連結消去・修正仕訳で消去しているのです。

　よって，開始仕訳は，支配獲得時の資本金額と，支配獲得後の利益剰余金等のうち親会社の持分にならない金額，そしてのれん償却額を加算した金額となります。

③　持分法適用会社のケース

　持分法適用会社の場合は，株式取得時の持分法適用会社の資本のうち，親会社持分に相当する額と投資金額との差額はのれん（投資差額）として把握し，定期的に償却を行います。また，株式取得後の持分法適用会社の剰余金等のうち，投資会社の持分相当額を連結財務諸表上で取り込みます。これら一連の仕

訳を投資勘定を用いて行う仕訳が持分法仕訳です。

図表 2-1-13　持分法適用会社の場合のイメージ

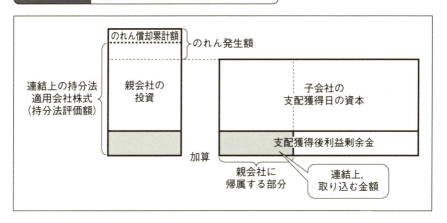

よって，持分法適用会社の理論値は以下のように計算します。

図表 2-1-14　持分法適用会社の場合の理論値

項目	理論値
利益剰余金	持分法適用会社の支配獲得後利益剰余金×投資会社持分（途中で持分比率が変わった場合には，その都度の比率を乗じた金額）－のれん償却（持分法）
その他の包括利益累計額	持分法適用会社の支配獲得後評価・換算差額等×投資会社持分（途中で持分比率が変わった場合には，その都度の比率を乗じた金額）
持分法適用会社株式	親会社の個別上の簿価＋上記利益剰余金およびその他の包括利益累計額の合計金額

それでは簡単な数値例を用いて確認しておきましょう。

設例2-1-4	持分法適用会社の場合の理論値

設例2-1-1の前提条件に下記の追加条件を加えて，当期の連結精算表の各項目の理論値を計算しなさい。

（追加条件）
- P社は前期末にA社の発行済株式総数の30％を1,000で取得し，持分法適用会社としている。
- 株式取得時のA社の資本勘定は，資本金1,000，利益剰余金1,000，その他有価証券評価差額金1,000であった。
- A社の当期の資本勘定は，資本金1,000，利益剰余金1,500，その他有価証券評価差額金800であった。
- のれんは当期から5年間で定額法により償却を行う。

【解答】

項目	理論値	計算方法
資本金	100,000	P社の資本金
利益剰余金	10,830	P社の利益剰余金10,000＋S社の支配獲得後利益剰余金1,000－S社のれん償却費300＋A社の株式取得後利益剰余金500×30％－A社のれん償却20
その他有価証券評価差額金	1,240	P社のその他有価証券評価差額金1,000＋S社の支配獲得後その他有価証券評価差額金300＋A社の株式取得後その他有価証券評価差額金△200×30％
持分法適用会社株式（関連会社株式）	1,070	P社の取得原価1,000＋（A社の株式取得後利益剰余金500＋A社の株式取得後その他有価証券評価差額金△200）×30％－A社のれん償却20

【解説】

持分法適用会社がある場合，持分法適用会社の支配獲得後の利益剰余金やその他有価証券評価差額金のうち，親会社持分の部分を連結財務諸表上で取り込みます。よって，連結財務諸表に残る金額は，子会社と同様に親会社持分のみ

となります。それでは，連結精算表で確認しておきましょう。

図表2-1-15　設例2-1-4の連結精算表

項目	P社	S社	単純合算	子会社の仕訳（合算）	持分法仕訳	のれん償却	連結財務諸表
：	：	：	：	：			：
土地	—	2,000	2,000	1,000			3,000
のれん	—	—	—	1,200			1,200
子会社株式	10,000	—	10,000	△10,000			—
関連会社株式	1,000	—	1,000		90	△20	1,070
：	：	：	：	：			：
資産合計	XXX	XXX	XXX	△7,800	90	△20	XXX
資本金	100,000	5,000	105,000	△5,000			100,000
利益剰余金	10,000	3,000	13,000	△2,300	150	△20	10,830
その他有価証券評価差額金	1,000	800	1,800	△500	△60		1,240
負債・純資産合計	XXX	XXX	XXX	△7,800	90	△20	XXX

　当期の資本連結に関する持分法仕訳（のれん償却も含む）は以下のようになります。

（当期純損益の認識）

関連会社株式	150 /	利益剰余金（持分法による投資損益）	150

　※　（1,500−1,000）×30％＝150

（その他有価証券評価差額金の認識）

その他有価証券評価差額金	60 /	関連会社株式	60

　※　（800−1,000）×30％＝△60

(のれんの償却)

| 利益剰余金
(持分法による投資損益) | 20 | / | 関連会社株式 | 20 |

※ 1,000 −(1,000 + 1,000 + 1,000)× 30% = 100 (のれん発生額)
　100 ÷ 5 年 = 20

(6) 理論値チェック表の作成

　理論値チェックをする際，以下のような管理表を作成して理論値チェックを行います。この表は，連結精算表の金額について理論値チェックをするための，理論値を計算するシートです。なお，下記に示したサンプルは資本連結だけを考慮した理論値となっています。未実現損益等がある場合には，下記の理論値に未実現損益等の影響額を加減算した金額が連結財務諸表の金額となります。

図表 2-1-16　資本連結理論値チェック表のサンプル

会社名	個別財務諸表					②持分比率	③=①×②親会社持分	④=①−③非支配株主持分	⑤投資金額	⑥のれん	⑦資本剰余金(資本連結)	⑧=③−(⑤−⑥−⑦)支配獲得後利益剰余金等
	資本金	利益剰余金	その他の包括利益累計額	評価差額	①純資産合計							
A社	5,000	3,000	800	1,000	9,800	100%	9,800	0	10,000	1,200	0	1,000
B社	5,000	2,000	500	1,000	8,500	80%	6,800	1,700	8,000	1,200	0	0
C社	5,000	3,000	800	1,000	9,800	80%	7,840	1,960	8,000	960	0	800
D社	5,000	4,000	1,000	1,000	11,000	90%	9,900	1,100	8,900	720	△80	1,640

項目	内容	連結財務諸表とのチェック
①純資産合計	連結子会社の当期末の純資産合計	―
②持分比率	当該連結子会社に対する当期末の親会社（連結会社）の持分比率	―

③＝①×②親会社持分	純資産合計に対する親会社（連結会社）の持分額	―
④＝①－③非支配株主持分	純資産合計に対する非支配株主の持分額	連結貸借対照表の「非支配株主持分」（ただし，未実現損益消去等の負担額を除く）
⑤投資金額	当期末の投資金額	―
⑥のれん	当期末ののれん残高	連結貸借対照表の「のれん」
⑦資本剰余金（資本連結）	過去に持分変動があった場合の差額（貸方差額はマイナス（△））	連結貸借対照表の「資本剰余金」の一部（連結貸借対照表の金額は，この金額に親会社の資本剰余金を合計した金額となる）
⑧＝③－(⑤－⑥)－⑦）支配獲得後利益剰余金等	支配獲得後利益剰余金等のうち親会社（連結会社）持分額	連結貸借対照表の「利益剰余金」，「その他の包括利益累計額」の一部（連結貸借対照表の金額は，この金額に親会社の利益剰余金，その他の包括利益累計額を合計した金額となる）

　この資本連結理論値チェックは，子会社の株式を直接所有しているケースのチェック表サンプルです。間接所有がある場合には，非支配株主持分の理論値は，支配獲得時と支配獲得後で子会社の資本を分け，支配獲得時の資本は株式所有割合（持株比率，表面比率），支配獲得後の資本は実質的な剰余金帰属割合（実質比率）でそれぞれ按分して計算した金額となります。

> **Column** 　非支配株主持分とは
>
> 　他の会社の支配を獲得し，新規に連結子会社とした場合，親会社の投資とそれに対応する子会社の資本は相殺消去し，親会社の投資と相殺しなかった部分は非支配株主持分に振り替えます。非支配株主持分とは，子会社の資本のうち親会社に帰属しない部分のことを指します。従来は少数株主持分という名称でしたが，平成25年9月の企業結合会計基準等の改正により，非支配株主持分という名称に変更となりました。
>
> 　日本基準は，改正前までは親会社説（連結財務諸表は親会社の株主のた

めに作成するものという考え方）を前提とした処理となっていましたが，改正後は経済的単一体説（連結財務諸表は親会社の株主だけでなく企業集団に投資しているすべての株主のために作成するものという考え方）に近づいた処理となりました。

この考え方の違いにより，後述の追加取得時の処理や一部売却（支配が継続している場合に限る）の処理が改正前と改正後で変更になっています。

図表2－1－17　親会社説と経済的単一体説の違い

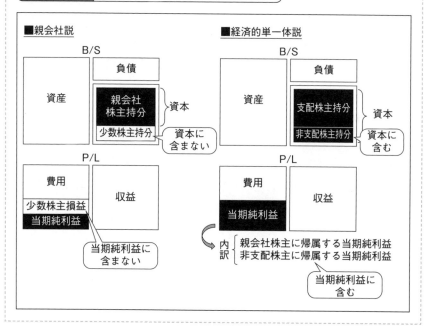

Column　追加取得，一部売却（支配継続）の処理

　支配を獲得して連結子会社となった後に，当該子会社株式の追加取得や一部売却等により，持分比率が変動する場合があります。このとき，連結消去・修正仕訳としてどのような仕訳が必要になるかを確認しておきましょう。

① 追加取得

　子会社株式を追加取得することにより，親会社の持分比率が増加し，非支配株主の持分比率が減少します。よって，追加取得した株式に対応する持分を非支配株主持分から減額し，追加取得により増加した親会社の持分を追加投資額と相殺消去します。なお，追加取得持分と追加投資額との間に生じた差額は，資本剰余金として処理します。

　従来，追加取得により生じた差額はのれんとして処理していましたが，平成25年9月に企業結合会計基準等が改正され，資本剰余金として処理することとなりました。

設例2-1-5　追加取得時の仕訳

　以下の前提条件に基づいて，追加取得に関する連結消去・修正仕訳を示しなさい。

（前提条件）
- P社は前期末にS社の発行済株式総数の80%を12,000で取得し，連結子会社としている。
- 前期末のS社の資本勘定は，資本金5,000，利益剰余金5,000であった。
- 前期末のS社の資産および負債の時価と簿価は同額であった。
- 当期末のS社の資本勘定は，資本金5,000，利益剰余金6,500（当期純利益1,500）であった。
- 当期末にP社はS社の発行済株式総数の10%を1,500で追加購入した。
- のれんは当期から5年間で定額法により償却を行う。

【解答】
(追加取得時の仕訳)

| 非支配株主持分 | ※1 1,150 | 子会社株式 | 1,500 |
| 資本剰余金※3 | ※2 350 | | |

※1　(5,000＋6,500)×10％＝1,150（減少する非支配株主持分額）
※2　貸借差額
※3　連結会計年度末において資本剰余金が負の値（借方）となる場合には，資本剰余金はゼロとし，利益剰余金から控除する。

図表 2-1-18　追加取得のイメージ

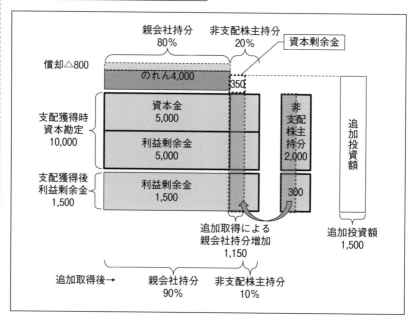

② 一部売却（支配継続）

　子会社株式を一部売却（親会社と子会社の支配関係は継続）することにより，親会社の持分比率が減少し，非支配株主の持分比率が増加します。よって，売却した株式に対応する持分を親会社の持分から減額し，非支配株主持分を増額します。なお，売却による親会社の持分の減少額と売却価

額との間に生じた差額は，資本剰余金として処理します。

　従来，一部売却により生じた売却持分と売却により減少した投資金額との差額は売却損益の修正として処理していましたが，平成25年９月の企業結合会計基準等の改正により，売却による持分の減少額と売却価額との差額は資本剰余金として処理することとなりました。

設例2-1-6 　一部売却支配継続時の仕訳

　以下の前提条件に基づいて，一部売却に関する連結消去・修正仕訳を示しなさい。

（前提条件）
- Ｐ社は前期末にＳ社の発行済株式総数の80％を12,000で取得し，連結子会社としている。
- 前期末のＳ社の資本勘定は，資本金5,000，利益剰余金5,000であった。
- 前期末のＳ社の資産および負債の時価と簿価は同額であった。
- 当期末のＳ社の資本勘定は，資本金5,000，利益剰余金6,500（当期純利益1,500）であった。
- 当期末にＰ社はＳ社の発行済株式総数の10％（簿価1,500）を2,000で売却した（個別上の子会社株式売却益は500）。
- のれんは当期から５年間で定額法により償却を行う。

【解答】

（一部売却時の仕訳）

借方	金額	貸方	金額
子 会 社 株 式	1,500	非支配株主持分	※1 1,150
子会社株式売却益	※2 500	資 本 剰 余 金	※3 850

※1　(5,000＋6,500)×10％＝1,150（増加する非支配株主持分額）
※2　2,000（売却価額）－1,500（個別上の簿価）＝500（個別上の売却益）
※3　貸借差額　または2,000（売却額）－1,150（売却持分，連結上の簿価）＝850

図表2-1-19　一部売却（支配継続）のイメージ

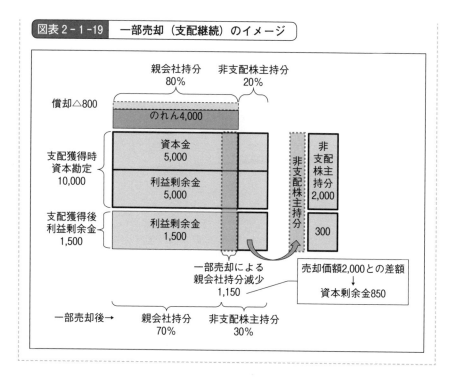

| Column | 間接所有がある場合の処理 |

　親会社が自ら子会社の株式を保有しているケースを直接所有といいます。これに対して，親会社が他の子会社等を通じて別の会社に対する支配を獲得しているケースを間接所有といいます。

　間接所有の場合，その会社の資本のうち親会社持分額をどのように計算するのかが論点となります。直接所有であれば，当該子会社の資本のうち，親会社の持分比率を乗じた金額が親会社の持分額となりますが，間接所有の場合には，そのように単純に計算することはできません。具体的には，資本金および資本剰余金ならびに支配獲得日の利益剰余金と，支配獲得日以降に生じた利益剰余金に分けて，別々に計算して親会社の持分額を計算

する必要があります。

図表 2 - 1 -20　間接所有の例

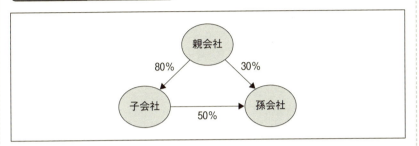

　上記のような関係の場合，孫会社の資本に対する親会社の持分額は以下のように計算します。

① 　資本金および資本剰余金ならびに支配獲得日の利益剰余金（資本金等）
　孫会社の資本金等×（孫会社株式の親会社持分比率30％＋孫会社株式の子会社持分比率50％）
② 　支配獲得日以降に生じた利益剰余金（支配獲得後利益剰余金）
　孫会社の支配獲得後利益剰余金×（孫会社株式の親会社持分比率30％＋孫会社株式の子会社持分比率50％×子会社株式の親会社持分比率80％）

　このように，間接所有がある場合の非支配株主持分の理論値を計算する際には，資本金等と支配獲得後利益剰余金とに分け，それぞれの比率を乗じて計算する必要があります。

2 債権債務の消去，取引高の消去

(1) 債権債務の消去，取引高の消去とは

　親会社と連結子会社または連結子会社間で計上した債権債務や取引高を消去する手続を債権債務の消去，取引高の消去といいます。

　連結財務諸表は，支配従属関係にある2つ以上の会社を1つの会社とみなして作成するものです。連結の範囲に含まれている会社間で計上している債権債務や取引高は，連結上は内部の債権債務，取引高であり，外部向けのものではありません。よって，連結手続上，連結企業集団内で計上された債権債務や取引高は消去する必要があるのです。

図表2-2-1　債権債務の消去のイメージ

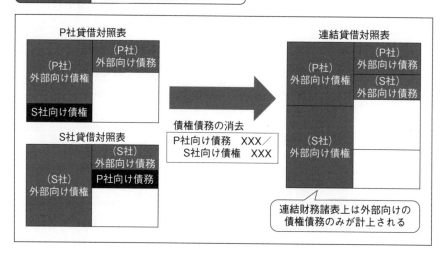

(2) 会社間取引状況の整理

　債権債務の消去，取引高の消去を漏れなく適正に行うためには，あらかじめ連結企業集団内で，どのような取引が行われているのか，また，どのような科目を利用して各社で計上しているのかを整理しておく必要があります。
　取引の種類としては以下のような内容があります。

---

① 営業取引
② 財務取引
③ 経費の付替え
④ 配当金の支払
⑤ 固定資産の売買取引等

　まずは取引内容ごとに，企業集団内の状況を把握します。

① 営業取引

　営業活動におけるグループ内での商流をあらかじめ整理しておきます。また，後述の未実現損益消去の際，どの会社の在庫にどれだけ他社の利益が付されているかを計算するうえで，グループ内での取引における利益率の確認も必要となります。

図表2-2-2　商流図の作成

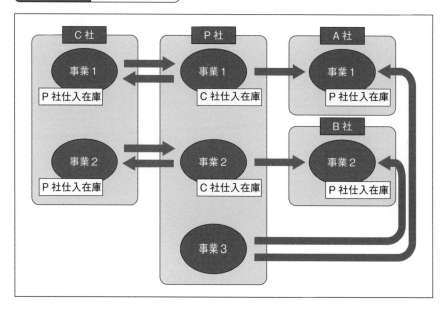

　企業集団内の商流を整理したうえで、以下の内容についてあらかじめ実態を確認しておく必要があります。

> a．利益率（原価率）の決定方法
> b．購入側での受入科目
> c．債権債務残高として使用している勘定科目

a．利益率（原価率）の決定方法

　販売側の利益率（原価率）の決定方法は、後述の未実現損益の消去の際の、未実現損益額の計算に影響します。グループ内外を問わず、利益率（原価率）は同一のものを利用しているのか、グループ内の場合は別の利益率（原価率）を設定しているのかなど、実際に利用している利益率（原価率）の決定方法を確認します。

b．購入側での受入科目

購入側がどの科目で受け入れたかを確認します。仕入なのか，販売費及び一般管理費なのか，または固定資産なのかによって，その後の連結消去・修正仕訳が異なります。

(a) 仕入の場合

仕入の場合は，最終的に当該資産が売却されれば売上原価となりますので，連結消去・修正仕訳においては，売上高と売上原価を消去します。

当該資産がまだ第三者に売却されず，在庫として残っている場合には，当該在庫に含まれる利益は未実現利益となり，後述の未実現利益の消去仕訳で消去されます。よって，内部取引の消去では，いったん，全額を売上原価で消去します。

売　上　高	XXX	/	売　上　原　価	XXX

(b) 販売費及び一般管理費の場合

一方の会社で売上高が計上され，もう一方の会社で販売費及び一般管理費として計上されている場合，販売側の会社で計上されている売上原価が，連結財務諸表上では売上原価のままでよいのか，販売費及び一般管理費に振り替える必要があるのかによって，必要となる連結消去・修正仕訳が異なります。

・売上原価への振替が不要な場合

売　上　高	XXX	/	販売費及び一般管理費	XXX

・売上原価への振替が必要な場合

売　上　高	XXX	/	売　上　原　価	[※1]XXX
			販売費及び一般管理費	[※2]XXX

※1　取引高（売上高）×原価率
※2　取引高（売上高）×利益率（利益部分のみを販売費及び一般管理費から消去）

(c) 固定資産の場合

一方の会社で売上高が計上され,もう一方の会社で固定資産として計上されている場合,販売側の会社で付した損益が未実現損益となります。よって,購入側では費用が計上されているわけではないため,内部取引の消去ではなく,次節の未実現損益の消去に該当します。

c．債権債務残高として使用している勘定科目

販売側と購入側で代金の受払いがまだ行われていない場合,その金額をそれぞれどのような勘定科目で処理しているかを確認します。

販売側が売上高であれば,その未収額は通常は売掛金勘定で処理されています。一方,購入側が仕入であれば,その未払額は通常は買掛金勘定で処理されています。販売費及び一般管理費として処理している場合には,未払金であることも考えられます。

取引の流れを加味して,それぞれどの会社にどのような勘定科目で残高が残っている可能性があるかを整理します。

図表2-2-3　営業取引の消去対象となる勘定科目

債権・収益側	債務・費用側
売上高	売上原価
役務収益	販売費及び一般管理費（具体的な科目）
受取手形	支払手形
売掛金	買掛金
未収入金	未払金

手形取引がある場合,振り出した側は支払手形であっても,受け取った側で受取手形の残高が残っていない場合があります。具体的には,受け取った側が他の第三者に裏書譲渡した場合や,銀行で割り引いた場合などです。

他の第三者に裏書譲渡した場合は,振り出した支払手形の代金は最終的に裏書譲渡された第三者に支払われるため,連結財務諸表上は支払手形のまま計上

します。また，銀行で割り引いた場合は，連結財務諸表上は支払手形を短期借入金（手形借入金）に振り替えるとともに，銀行に支払った支払割引料を手形売却損に振り替えます。

（受取手形を別の第三者に裏書譲渡した場合）

| 支 払 手 形 | XXX | / | 支 払 手 形 | XXX |

※ 仕訳なしでも連結精算表の金額は同じ（上記では備忘のため仕訳を計上している）

（受取手形を銀行で割り引いた場合）

| 支 払 手 形 | XXX | / | 短期(手形)借入金 | XXX |
| 手 形 売 却 損 | XXX | / | 支 払 割 引 料 | XXX |

このように手形取引がある場合には，受け取った側で当該受取手形の顛末を確認しておく必要があります。

② 財務取引

グループ内で資金の貸付け，借入れが行われている場合など，どの会社間で貸付金，借入金が発生しているかを確認します。

あわせて利息の計算について，それぞれどのような条件で利息の計算を行っているか，経過勘定の計上はどのように行っているかを整理します。

財務取引がある場合の，債権債務および損益取引高の消去対象となる勘定科目は，一般的には以下のとおりです。

図表2-2-4　財務取引の消去対象となる勘定科目

債権・収益側	債務・費用側
短期貸付金	短期借入金
関係会社短期貸付金	関係会社短期借入金
未収収益	未払費用
長期貸付金	長期借入金
関係会社長期貸付金	関係会社長期借入金
受取利息	支払利息

③　経費の付替え

例えば，親会社がまとめて賃料等を支払い，その一部を子会社に付け替えているような場合や，出向者の給与を支払った側の会社が，立替金で計上しているような場合など，収益費用の取引ではなく，費用の付替処理が行われている場合，一方で収益が計上されているわけではないので，連結財務諸表作成上は，内部取引の消去を行う必要はありません。

ただし，経費の付替えが行われている場合には，立替金と未払金の消去は行う必要がありますので，債権債務残高のうち，連結企業集団あてに計上されている金額を把握しておく必要があります。

設例2-2-1　地代家賃の立替

以下の前提条件に基づいて，立替経費に関する連結消去・修正仕訳を示しなさい。
（前提条件）
・P社はS社の発行済株式総数の100％を取得し，連結子会社としている。
・P社とS社は同一のビルに入っており，1ヵ月の家賃100（年間1,200）はP社が全額立替払いしている。
・P社は月末にS社に対して1ヵ月の立替家賃30の請求を行い，翌月末に回収している。
・決算日におけるP社の立替金のうちS社に対するものは30である。
・S社側ではP社に対する未払金30を計上している。

【解答】

| 未　払　金 | 30 | / | 立　替　金 | 30 |

【解説】

　立替経費の場合，一方の会社（当設例ではP社）が立て替えて計上した経費はP社側では経費としては計上されておらず，立替金として計上しているだけであるため，連結上の経費の金額はP社とS社でそれぞれが計上した経費の合算金額となります。

（P社の個別上の仕訳）

・家賃支払時の処理

| 地　代　家　賃 | 100 | / | 現金及び預金 | 100 |

・S社に対する請求時の処理

| 立　替　金 | 30 | / | 地　代　家　賃 | 30 |

（S社の個別上の仕訳）

・P社からの請求時の処理

| 地　代　家　賃 | 30 | / | 未　払　金 | 30 |

（P社およびS社の個別財務諸表（該当部分のみ））

P社　損益計算書
　　　　　：　　　　：
地代家賃　[※1]840

S社　損益計算書
　　　　　：　　　　：
地代家賃　[※2]360

P社　貸借対照表
　　　　　：　　　　：
立替金　[※3]30

S社　貸借対照表
　　　　　：　　　　：
未払金　[※3]30

※1　1,200（年間地代家賃支払額）－30×12ヵ月（S社付替額）＝840
※2　30×12ヵ月＝360
※3　決算月の立替額（決算月以外は決済済み）

経費を立て替えて支払った側では立替金を計上しているにもかかわらず，もう一方の会社で未達によって仕訳が何も行われていない場合，立替金と消去すべき債務が存在しません。この場合には，未達を認識してから消去する必要があります。なお，未達の認識は個別財務諸表を修正する方法と，連結消去・修正仕訳として行う方法があります。

> **設例2-2-2　地代家賃の立替（未達があり，連結消去・修正仕訳で処理する場合）**
>
> 以下の前提条件に基づいて，立替経費に関する連結消去・修正仕訳を示しなさい。
> （前提条件）
> ・P社はS社の発行済株式総数の100％を取得し，連結子会社としている。
> ・P社とS社は同一のビルに入っており，1ヵ月の家賃100（年間1,200）はP社が全額立替払いしている。
> ・P社は月末にS社に対して1ヵ月の立替家賃30の請求を行い，翌月末に回収している。
> ・決算日におけるP社の立替金のうちS社に対するものは30である。
> ・S社側では決算月の請求額について未計上である。

【解答】

（未達取引の計上）

地 代 家 賃	30	未 払 金	30

（債権債務の消去）

未 払 金	30	立 替 金	30

④　配当金の支払

子会社で配当が行われた場合，連結財務諸表上は，親会社の受取配当金と子会社の支払配当金を相殺消去する必要があります。

なお，100％子会社ではない場合には，受取配当金と消去する支払配当金の金額は，親会社持分相当額のみとなり，残りの支払配当金は非支配株主持分へ振り替える（**1**を参照）必要があります。

(100％子会社の場合)

| 受取配当金 | XXX | / | 支払配当金 | XXX |

(100％子会社ではない場合)

・配当金の相殺

| 受取配当金 | XXX | / | 支払配当金 | XXX |

・配当金の振替(資本連結)

| 非支配株主持分 | XXX | / | 支払配当金 | XXX |

⑤ 固定資産の売買取引等

固定資産の売買取引があった場合，これも内部取引であるため，消去する必要があります。ただし，この場合は損益取引の消去ではなく，売却側で計上した損益が未実現損益であるため，次節の未実現損益の消去で説明します。

(3) 内部取引消去手続の改善

内部取引消去は，多くの会社で時間がかかっている手続です。時間がかかってしまう理由は，大きく2つあります。

1つは，各社で内部取引高を把握するのに時間がかかってしまい，内部取引情報の報告があがってくるのが遅いという場合です。この場合においては，子会社の業務改善や，子会社の指導などが必要となります。なぜ内部取引高の把握に時間がかかってしまうのかをヒアリングし，その原因に基づいて改善策を検討し，実行していく必要があります。

もう1つの理由は，債権と債務，収益と費用を相殺消去する際，本来は一致しているはずのデータに差異が生じ，その差異原因を調査するのに時間がかかっている場合です。この場合は，差異原因ごとに対処方法が異なります。

差額が生じる主な原因としては，以下のようなケースがあります。

> ① 子会社側で消去対象ではない科目の金額まで報告しているケース
> ② どちらかの会社で未計上の取引が存在するケース
> ③ 内部取引高として報告した金額が誤っているケース

① 子会社側で消去対象ではない科目の金額まで報告しているケース

　経費の立替などを行っている場合，グループ内の債権債務は消去しますが，経費について消去は行いません。よって，この場合には，あらかじめ子会社に何が消去対象となる取引なのかを伝え，立替経費の分は内部取引高として報告しないよう指導する必要があります。

② どちらかの会社で未計上の取引が存在するケース

　決算日に近い日付で取引が行われて一方の会社にその通知が届いていない場合や，海外との取引などで商品の到着に時間がかかるような場合，一方の会社では計上している内部取引が，もう一方の会社で未計上となっているため，差異が生じます。この場合は，未計上となっている会社側で仕訳を登録し，個別財務諸表を修正するか，連結消去・修正仕訳として当該子会社の個別財務諸表の修正仕訳を行い，未計上となっている取引を計上してから，連結上は内部取引を消去する必要があります。

　なお，未計上の理由によっては，まずは子会社の業務整備が必要な場合もあります。できるだけ決算日に未計上となる仕訳がないように，子会社の業務フローを確認して，子会社側での運用を整備するとよいでしょう。

③ 内部取引高として報告した金額が誤っているケース

　単純なようで，実際よくあるのがこの報告金額が誤っているというケースです。連結パッケージの入力を手入力で行っていると，データの抽出漏れや集計間違いにより，連結パッケージに記載する金額を誤ってしまう場合があります。当然，差異の原因を調査したうえで，報告金額が誤っているのであれば，連結

パッケージに入力した金額を修正して報告し直してもらう必要があります。間違いが多いと，その都度修正依頼をして，修正してもらうというフローとなるため，非常に時間がかかります。また，結局は，内部取引高の報告金額の間違いであって，個別財務諸表の金額が間違っていたわけではないので，連結上で修正仕訳が必要となるわけではありません。

よって，この場合は，決算手続とは区別して，正しい内部取引高が報告されるような仕組みづくりが必要となります。具体的には，子会社の日々の取引の記帳方法に関するアドバイスや指導などが必要です。

また，できるだけ月次で内部取引の照合を行い，月次で合わせておくということも，間違いを減らす1つの方法です。

(4) 内部取引消去ルールの作成

① 内部取引消去ルールの必要性

連結決算手続において，内部取引消去をすみやかに行うため，あらかじめ消去ルールを決めておく必要があります。

図表2-2-5　内部取引消去ルール

```
a．消去対象とする取引高の金額基準（いくら以上の取引高を消去するのか）
b．消去対象とする残高の金額基準（いくら以上の残高を消去するのか）
c．調査すべき差異の金額基準（いくら以上の差異を調査するのか）
d．許容される差異の調整方法（残った差異をどのように調整するのか）
```

内部取引消去仕訳を行う際，会社ごとに内部取引高の報告金額を突合します。その時，突合差額がないこともしくは差異の説明がつくことが一番望ましいのですが，決算の限られた時間の中ですべての差異を分析するには時間がかかってしまいます。よって，あらかじめ消去ルールを作成して，そのルールに基づいて決算手続を進めます。

もちろん，差異の原因がすべて明らかにできることが理想的です。しかしながら，上述のとおり，差異にはさまざまな理由があり，場合によっては子会社の日々の取引の指導までする必要があります。

よって，決算時は一定のルールに基づいて消去を行い，決算と決算の合間の時間で子会社の指導と業務改善を行うというように，決算手続とは区別して行う必要があります。

② 内部取引消去ルールの作成

a．消去対象とする取引高の金額基準（いくら以上の取引高を消去するのか）

グループ会社間で行われている取引のうち，すべての取引を消去するのか，もしくは金額基準を定めるのかを決定します。

子会社数が少ないうちはすべての取引を消去し，子会社数が多くなると金額基準を定めて消去しているケースが多いようです。金額基準を定める場合にはその根拠（重要性の基準値）に基づき，金額基準を設定します。

b．消去対象とする残高の金額基準（いくら以上の残高を消去するのか）

上記と同様に，グループ会社間の債権債務残高のうち，すべての残高を消去するのか，もしくは金額基準を定めるのかを決定します。

金額基準を定める場合には，具体的な金額を検討しておく必要があります。

c．調査すべき差異の金額基準（いくら以上の差異を調査するのか）

消去差額が発生した場合に，いくら未満の差異までは許容できるかを検討し，その基準値を定めておく必要があります。

もちろん，すべての差異の原因分析を行えることが理想的ですが，決算の限られた時間の中では難しいこともあります。よって，あらかじめ差異の許容金額を定め，その金額未満の差異については原因調査は行わず，消去ルールに基づいて連結消去・修正仕訳を行います。

d．許容される差異の調整方法（残った差異をどのように調整するのか）

上記 c．で定めた際の金額基準に基づき，許容された差異（僅少なもの）について，どのように調整を行うかを検討します。消去ルールの例は次の③を参考にしてください。

③ 内部取引消去ルールの例

差額調整方法として，いくつかのパターンがあります。自社の状況に合わせてあらかじめルールを検討しておく必要があります。

> a．債権優先，収益優先
> b．金額優先（大きいほう優先）
> c．金額優先（小さいほう優先）
> d．親会社優先
> e．子会社優先
> f．決算日優先
> g．在外子会社との取引の場合

a．債権優先，収益優先

債権と債務を照合した場合には債権残高に基づいて消去を行い，収益と費用を照合した場合には収益金額に基づいて消去を行うというルールです。

> **設例2-2-3** 債権優先，収益優先の内部取引消去

　以下の前提条件に基づいて，当期の債権債務の消去，損益取引の消去仕訳を示しなさい。
（前提条件）
- Ｐ社はＳ社の発行済株式総数の100％を取得し，連結子会社としている。
- 当期のＰ社売掛金のうち，Ｓ社に対するものは1,000，売上高のうち，Ｓ社に対するものは5,000であった。
- 当期のＳ社買掛金のうち，Ｐ社に対するものは980，仕入高のうち，Ｐ社に対するものは5,010であった。
- 決算日において，Ｐ社とＳ社の内部取引高の差異は僅少なものであり，差額原因の調査は行わず，債権優先，収益優先で連結消去・修正仕訳を行う。

【解答】

（債権債務の消去）

買　掛　金	980	売　掛　金	1,000
買　掛　金	※20		

※　売掛金の金額を優先し，差額は買掛金で調整する

（損益取引の消去）

売　上　高	5,000	売　上　原　価	5,010
売　上　原　価	※10		

※　売上高の金額を優先し，差額は売上原価で調整する

　なお，債権優先・収益優先の場合に，それぞれ買掛金や売上原価などの勘定科目を差額調整として利用せず，その他流動負債等のその他の科目で調整することもあります。

b．金額優先（大きいほう優先）

　金額が大きいほうを優先して連結消去・修正仕訳を行うというルールを設定している会社もあります。

先ほどの【設例2-2-3】において，金額優先（大きいほう優先）とした場合の連結消去・修正仕訳は以下のようになります。

（債権債務の消去）

| 買 掛 金 | 980 | 売 掛 金 | 1,000 |
| 買 掛 金 | ※20 | | |

※ 売掛金の金額のほうが大きいため，差額は買掛金で調整する

（損益取引の消去）

| 売 上 高 | 5,000 | 売 上 原 価 | 5,010 |
| 売 上 高 | ※10 | | |

※ 売上原価の金額のほうが大きいため，差額は売上高で調整する

c．金額優先（小さいほう優先）

b．とは反対に，金額が小さいほうを優先して連結消去・修正仕訳を行うというルールを設定している会社もあります。

先ほどの【設例2-2-3】において，金額優先（小さいほう優先）とした場合の連結消去・修正仕訳は以下のようになります。

（債権債務の消去）

| 買 掛 金 | 980 | 売 掛 金 | 1,000 |
| 売 掛 金 | ※20 | | |

※ 買掛金の金額のほうが小さいため，差額は売掛金で調整する（結果として売掛金のうち消去される金額は980のみとなる）

（損益取引の消去）

| 売 上 高 | 5,000 | 売 上 原 価 | 5,010 |
| 売 上 原 価 | ※10 | | |

※ 売上高の金額のほうが小さいため，差額は売上原価で調整する（結果として売上原価のうち消去される金額は5,000のみとなる）

d．親会社優先

親会社の金額を優先して，差額は子会社の勘定科目で調整する方法です。

e．子会社優先

d．とは反対に，子会社の金額を優先して，差額は親会社の勘定科目で調整する方法です。

f．決算日優先

決算日が異なる子会社が存在する場合には，必ず照合差額が生じます。そのような場合に，決算日が親会社と同一の会社を優先して，差額は親会社と異なる決算日の会社の勘定科目で調整する方法です。

g．在外子会社との取引の場合

在外子会社との取引の場合，内部取引の消去差額を為替換算調整勘定もしくは為替差損益で調整する方法を採用している会社もあります。

(5) 内部取引突合表の作成

内部取引の消去は，各社から収集した関係会社間取引とそれに基づいて作成した内部取引突合表を用いて内部取引データを突合し，差額金額の把握と差額原因を確認する必要があります。

| 図表2-2-6 | 関係会社間取引高に基づく内部取引突合表のサンプル |

<(関係会社間取引高)各社から連結パッケージで収集>

明細番号	会社	相手会社	勘定科目	借方金額	貸方金額
001	P社	A社	売掛金	500,000	
002	P社	A社	売上高		3,000,000
003	P社	B社	立替金	350,000	
004	P社	B社	未収入金	100,000	
005	P社	C社	短期貸付金	10,000,000	
006	P社	D社	未払金		80,000
007	P社	D社	長期貸付金	1,500,000	
008	A社	P社	買掛金		400,000
009	A社	P社	仕入高	2,900,000	
010	B社	P社	未払金		400,000
011	C社	P社	短期借入金		10,000,000
012	D社	P社	未収入金	80,000	
013	D社	P社	長期借入金		1,000,000

<(内部取引突合表 サンプル1)表形式>

突合キー	明細番号	会社	相手会社	勘定科目	借方金額	貸方金額	差額	差額理由
P⇔A	001	P社	A社	売掛金	500,000			
P⇔A	008	A社	P社	買掛金		400,000		
					500,000	400,000	100,000	未達取引
P⇔A	002	P社	A社	売上高		3,000,000		
P⇔A	009	A社	P社	仕入高	2,900,000			
					2,900,000	3,000,000	−100,000	未達取引
P⇔B	003	P社	B社	立替金	350,000			
P⇔B	004	P社	B社	未収入金	100,000			
P⇔B	010	B社	P社	未払金		400,000		
					450,000	400,000	50,000	未計上

P⇔C	005	P社	C社	短期貸付金	10,000,000			
P⇔C	011	C社	P社	短期借入金		10,000,000		
					10,000,000	10,000,000	0	
P⇔D	006	P社	D社	未払金		80,000		
P⇔D	012	D社	P社	未収入金	80,000			
					80,000	80,000	0	
P⇔D	007	P社	D社	長期貸付金	1,500,000			
P⇔D	013	D社	P社	長期借入金		1,000,000		
					1,500,000	1,000,000	500,000	未達取引

＜（内部取引突合表　サンプル２）マトリクス形式＞

債権：売掛金

	P社	A社	B社	C社	D社	合計		
P社		500,000				500,000		
A社						0		
B社						0		
C社						0		
D社						0		
	0	500,000	0	0	0	500,000	500,000	売掛金合計

債権：立替金

	P社	A社	B社	C社	D社	合計		
P社			350,000			350,000		
A社						0		
B社						0		
C社						0		
D社						0		
	0	0	350,000	0	0	350,000	350,000	立替金合計

債権：未収入金

	P社	A社	B社	C社	D社	合計
P社			100,000			100,000
A社						0
B社						0
C社						0
D社	80,000					80,000
	80,000	0	100,000	0	0	180,000

180,000　未収入金合計

債務：買掛金

	P社	A社	B社	C社	D社	合計
P社						0
A社	400,000					400,000
B社						0
C社						0
D社						0
	400,000	0	0	0	0	400,000

400,000　買掛金合計

債務：未払金

	P社	A社	B社	C社	D社	合計
P社					80,000	80,000
A社						0
B社	400,000					400,000
C社						0
D社						0
	400,000	0	0	0	80,000	480,000

480,000　未払金合計

150,000　差額

3 貸倒引当金の調整

(1) 貸倒引当金の調整とは

　債権債務の消去仕訳で消去した債権に対して，個別財務諸表上で貸倒引当金を設定していた場合，連結消去・修正仕訳においてこの貸倒引当金を取り消す仕訳も必要となります。この連結消去・修正仕訳を貸倒引当金の調整仕訳といいます。

　貸倒引当金の調整仕訳を行うためには，各会社でグループ会社向けに計上した債権に対して，どのような基準で貸倒引当金を設定しているのかを確認し，債権残高と合わせて貸倒引当金の繰入率または貸倒引当額を確認しておく必要があります。

(2) 貸倒引当金の設定状況の確認

　親会社または連結子会社向けの債権に対して，どのような基準で貸倒引当金を設定しているかを確認します。

① 債権残高に実績率等を乗じているケース
② 個別引当を行っているケース
③ 貸倒引当金を設定していないケース

(3) 貸倒引当金の調整額

　(2)で確認した貸倒引当金の設定状況に基づいて，連結消去・修正仕訳での貸倒引当金調整額を計算します。

① 債権残高に実績率等を乗じているケース

債権債務の消去で消去した債権金額に対し，個別上で使用した貸倒実績率等を乗じた金額を，連結上は消去する仕訳を行います。

② 個別引当を行っているケース

債権債務の消去で消去した債権金額に対し，個別引当を行っている場合には，連結上は当該金額をそのまま取り消す仕訳を行います。

③ 貸倒引当金を設定していないケース

グループ内の債権に対して貸倒引当金を設定していない場合には，連結消去・修正仕訳で貸倒引当金の調整を行う必要はありません。

(4) 貸倒引当金の調整科目の確認

(3)で計算した金額をどの勘定科目で調整するのかを確認します。連結消去・修正仕訳で行う貸倒引当金の調整は，個別財務諸表で計上している貸倒引当金を調整する仕訳のため，個別財務諸表で計上している勘定科目と合わせておく必要があります。

> ・短期貸倒引当金
> ・長期貸倒引当金

同様に，相手科目である貸倒引当金繰入はどの区分の科目で調整するかを確認して仕訳を行います。

> ・貸倒引当金繰入（販売費及び一般管理費）
> ・貸倒引当金繰入（営業外費用）
> ・貸倒引当金戻入益（営業外収益）

(5) 貸倒引当金調整表の作成

　各社から収集した情報に基づいて貸倒引当金調整表を作成し，そこで計算された金額に基づいて連結消去・修正仕訳を行います。連結会計システムを利用している場合には，通常，連結会計システムから同様のレポートが出力できるため，その金額を確認します。

　なお，この表では貸倒引当金の調整額だけでなく，税効果金額も同時に確認できるようなしくみにしておいたほうが，税効果仕訳の金額を確かめるうえでも非常に有用です。

　それでは次のページで貸倒引当金調整表のサンプルフォーマットを確認しておきましょう。

第 2 章　連結精算表作成手続の整備　85

図表 2-3-1　貸倒引当金調整表のサンプルフォーマット

債権会社	債務会社	債権勘定科目		債権金額(消去金額)①	個別引当額②	差引③=①-②	貸倒実績率④	貸倒引当金調整額⑤	長短区分⑥	営業内外区分⑦	実効税率⑧	税効果金額⑨
親会社	A社	100200	売掛金	1,000,000		1,000,000	0.10%	1,000	短期	営業	38.01%	380
親会社	A社	100700	短期貸付金	1,500,000		1,500,000	0.10%	1,500	短期	営業外	38.01%	570
親会社	A社	101000	未収入金	500,000		500,000	0.10%	500	短期	営業	38.01%	190
親会社	B社	100200	売掛金	850,000		850,000	0.10%	850	短期	営業	38.01%	323
親会社	B社	101000	未収入金	240,000		240,000	0.10%	240	短期	営業	38.01%	91
親会社	C社	130400	長期貸付金	3,000,000	3,000,000	0	―	3,000,000	長期	営業外	38.01%	1,140,300
合計				7,090,000	3,000,000	4,090,000		3,004,090				1,141,854
科目合計①		100200	売掛金	1,850,000								
		100700	短期貸付金	1,500,000								
		101000	未収入金	740,000								
		130400	長期貸付金	3,000,000								
連結消去・修正仕訳② (債権債務消去金額)		100200	売掛金	1,850,000								
		100700	短期貸付金	1,500,000								
		101000	未収入金	740,000								
		130400	長期貸付金	3,000,000								
チェック (①=②)		100200	売掛金	TRUE								
		100700	短期貸付金	TRUE								
		101000	未収入金	TRUE								
		130400	長期貸付金	TRUE								

※ 大枠で囲った部分は仕訳金額（主から貸倒引当金額）です。その税効果金額、個別引当金の調整額、非支配株主持分への按分は省略しています。なお、当サンプルフォーマットの数値例では、親会社のみが債権保有会社であるため、非支配株主持分への按分の列は省略しています。

図表2-3-1のサンプルフォーマットの各列項目の内容は以下のとおりです。
① 債権金額
債権債務の消去で消去した各社の消去金額を入力します。この金額は連結消去・修正仕訳と金額と一致している必要があるので，表の下で連結消去・修正仕訳金額を表示させ，仕訳金額との一致チェックを実施します。
② 個別引当額
各社から収集した個別引当額を該当する相手会社の行に記入します。
③ 差引金額
①から②を引いた金額です。後述の一般債権に対する貸倒引当金調整額を計算するための元金額となります。
④ 貸倒実績率
各社から収集した貸倒実績率を記入します。
⑤ 貸倒引当金調整額
②個別引当額と，③の差引金額に貸倒実績率を乗じた金額との合計額を記入します。このとき，各社別に集計した当該金額が，各社の個別財務諸表の貸倒引当金の残高を超えていないことを確認します。
⑥ 長短区分
長期貸倒引当金の調整か短期貸倒引当金の調整かを区別するための項目です。
⑦ 営業内外区分
貸倒引当金繰入をどの区分（販売費及び一般管理費か営業外費用か）の科目で調整するかを区別するための項目です。
⑧ 実効税率
貸倒引当金を計上している会社（債権会社）の実効税率を記入します。
⑨ 税効果金額
⑤貸倒引当金調整額と⑧実効税率を乗じた金額です。

サンプルフォーマットの数値例に基づいて連結消去・修正仕訳を行うと，以下のようになります（開始仕訳はここでは考慮していません）。

図表 2-3-2　図表 2-3-1 に基づく連結消去・修正仕訳

債権会社	債務会社	借方		貸方	
親会社	A社	貸倒引当金（短期）	1,500	貸倒引当金繰入（販管費）	1,500
		法人税等調整額	570	繰延税金負債（短期）	570
親会社	A社	貸倒引当金（短期）	1,500	貸倒引当金繰入（営業外）	1,500
		法人税等調整額	570	繰延税金負債（短期）	570
親会社	B社	貸倒引当金（短期）	1,090	貸倒引当金繰入（販管費）	1,090
		法人税等調整額	414	繰延税金負債（短期）	414
親会社	C社	貸倒引当金（長期）	3,000,000	貸倒引当金繰入（営業外）	3,000,000
		法人税等調整額	1,140,300	繰延税金負債（長期）	1,140,300

4　未実現損益の消去（たな卸資産）

(1) 未実現損益の消去とは

　連結企業集団内のある会社が，同じ連結企業集団内の別の会社に利益を付して資産を売却し，その資産が期末時点でまだ外部に売却されずに残っている場合，その資産に含まれているある会社が付した利益のことを未実現利益といいます。未実現利益は，連結財務諸表上はまだ利益として実現しているものではないため，連結手続上で消去する必要があります。この連結消去・修正仕訳を未実現損益の消去仕訳といいます。

図表2-4-1　未実現利益のイメージ

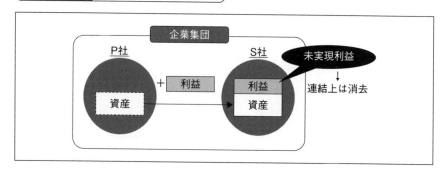

　同様に，ある会社が損失を計上して連結企業集団内の別の会社に資産を売却した場合，期末在庫に含まれる損失のことを未実現損失といいます。未実現損失の場合は，当該資産を外部に売却するとしたら，損失を補える程度の金額で売却できる場合には，連結手続上，未実現損失を消去します。回収が見込めない場合には，連結手続上，未実現損失の消去は行いません。

(2)　商流の整理

　②(2)会社間取引状況の整理において確認した内容と同様に，未実現損益を含む資産がどの会社にどのような科目で存在するかをあらかじめ整理します。
　具体的には，材料，仕掛品，製品，商品などのたな卸資産が，連結企業集団内のどの会社間で売買され，在庫としてどの会社に残っているかを確認します。
　それでは簡単な設例で確認しておきましょう。

設例2-4-1　たな卸資産に含まれる未実現損益の所在

以下の前提条件に基づいて，①商流を整理し，②どの資産に未実現損益が含まれているかを示しなさい。
（前提条件）
・P社はS社の発行済株式総数の100%を取得し，連結子会社としている。
・P社は外部から材料を仕入れ，仕入価格の1.2倍の金額でS社に売却している。
・S社はP社から仕入れた材料をもとに製品を製造し，完成品原価の1.2倍の金額でP社に売却している。

【解答①】　商流の整理

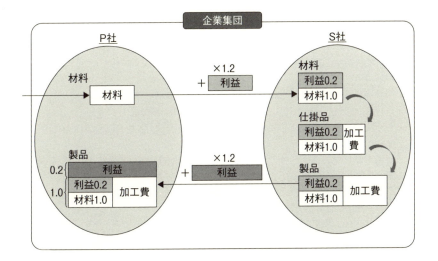

【解答②】

未実現利益が含まれている資産は以下のとおり。

・S社：材料（P社が付した利益）
・S社：仕掛品（材料費のうちP社が付した利益）
・S社：製品（材料費のうちP社が付した利益）
・P社：製品（S社が付した利益＋材料費のうちP社が付した利益）

(3) 商流ごとの未実現損益消去の基準の検討

商流の整理が終わったら，どの会社のたな卸資産に含まれるどの会社が付した利益を消去するかを検討します。

例えば，製造業などで，材料を仕入れる会社，製品を加工する会社，仕掛品を組み立てる会社，でき上がった製品を販売する会社といった具合に，複数の企業集団内で利益が付されて最終製品が外部に売却される場合，どの会社の在庫金額に含まれているどの会社が付した利益までを消去するのかをあらかじめ検討しておく必要があります。

設例2-4-2　たな卸資産に含まれる未実現損益の消去仕訳

以下の前提条件に基づいて，当期の未実現損益の消去仕訳を示しなさい。
（前提条件）
・P社はS社の発行済株式総数の100%を取得し，連結子会社としている。
・P社は外部から材料を仕入れ，仕入価格の1.2倍の金額でS社に売却している。
・S社はP社から仕入れた材料をもとに製品を製造し，完成品原価の1.2倍の金額でP社に売却している。
・当期末のP社およびS社のたな卸資産残高は以下のとおりであった。
　P社：材料1,000，製品3,360
　S社：材料2,400，仕掛品2,700（材料費割合80%），製品3,200（材料費割合60%，完成品はすべて同様の割合）
・S社の材料はすべてP社から購入したものである。
・P社の製品はすべてS社から購入したものである。

【解答】

売上原価	※5 1,920	材　　料	※1 400
		仕　掛　品	※2 360
		製品（S社）	※3 320
		製品（P社）	※4 840

上記仕訳の金額は，以下のように計算します。

第2章 連結精算表作成手続の整備

在庫保有会社	在庫勘定科目	在庫金額①	S社付加利益率②	S社未実現利益③=①×(②/(1+②))	S社未実現利益控除後金額④=①-③	材料費割合⑤	材料費⑥=④×⑤	P社付加利益率⑦	P社未実現利益⑧=⑥×(⑦/(1+⑦))	P社未実現利益控除後金額⑨=④-⑧
S社	材料	2,400	—	0	2,400	100%	2,400	0.2	※1 400	2,000
S社	仕掛品	2,700	—	0	2,700	80%	2,160	0.2	※2 360	2,340
S社	製品	3,200	—	0	3,200	60%	1,920	0.2	※3 320	2,880
P社	製品	3,360	0.2	※4 560	2,800	60%	1,680	0.2	※4 280	2,520
合計				※5 560					※5 1,360	

【解説】

　この設例は，S社の材料に含まれるP社の利益およびP社の製品に含まれるS社の利益およびP社がS社に材料を売却した際のP社が付した利益を全額消去しています。グループ内での商流が複雑であればあるほど，未実現利益の計算も複雑になりますが，そもそも元の在庫金額が小さいもしくは利益率が低い場合には，未実現利益の金額自体の重要性が低くなります。

　よって，実務上は会社としてどの資産に含まれる未実現利益が重要かを判断し，金額基準等を定めてそのルールに従って未実現利益を計算して消去します。また，未実現損失が計上された場合の消去方法もあらかじめ検討しておく必要があります。

　未実現損失は，販売側の原価よりも企業集団内への売却価額のほうが低い場合に生じます。もし，当該たな卸資産が，購入側の取得原価よりも低い金額でしか外部に売却できない可能性がある場合，連結上で未実現損失を消去してしまうと損失の先送りになるため，未実現損失は消去しないこととされています。

　よって，損失が発生した原因と，今後，第三者に当該たな卸資産が売却される場合の売却金額に基づき，未実現損失を消去するか否かを検討します。

図表2-4-2　未実現損失のイメージ

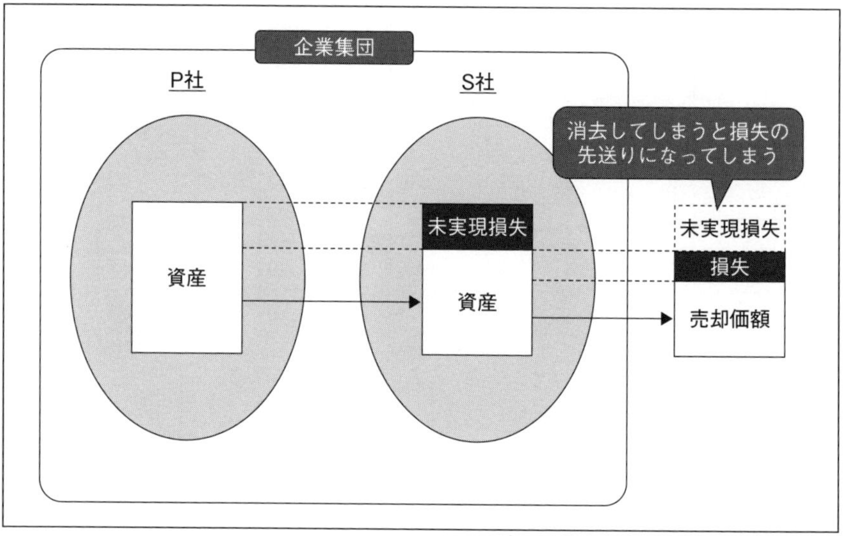

[企業集団：P社の資産がS社へ移転。S社側で「未実現損失」が計上され、売却価額との差が損失となる。「消去してしまうと損失の先送りになってしまう」]

(4) 未実現損益消去額の計算方法の検討

消去対象となる未実現損益が決まったら，未実現損益消去額の計算方法を検討します。

前述の設例のように，グループ内での付加利益率等が一律であれば，単純にその利益率を使って計算することができますが，実務上はそう簡単ではありません。例えば，複数の商品がある場合，商品別の利益率を利用するのか，セグメント別の利益率を利用するのか，相手会社ごとに決められている利益率を利用するのか，または，個別原価計算に基づき算定した金額を利用するのかを，取引の内容に応じて決定します。

（未実現損益を計算する際の利益率例）
・損益計算書の売上総利益率
・セグメント別損益計算書の売上総利益率

・商流別（相手先別）の売上総利益率
・商品種類別の売上総利益率

　また，商品ごとの利益率等を利用した場合でも，利益率に大きな違いがないのであれば，販売側の会社の個別財務諸表上の売上総利益率を利用して未実現損益額を計算するという方法もあります。
　企業集団の取引内容等に基づいて，あらかじめ方針を決定しておく必要があります。

(5) たな卸未実現損益計算表の作成

　各社から収集した情報に基づいて，たな卸未実現損益計算表を作成し，そこで計算された金額に基づいて連結消去・修正仕訳を行います。連結会計システムを利用している場合には，通常，連結会計システムから同様のレポートが出力できるため，その金額を確認します。なお，この表では未実現損益の調整額だけでなく，税効果金額も同時に確認できるようなしくみにしておいたほうが，税効果仕訳の金額を確かめるうえでも非常に有用です。
　それでは次のページでたな卸未実現損益計算表のサンプルフォーマットを確認しておきましょう。

図表 2-4-3　たな卸未実現損益計算書のサンプルフォーマット

<サンプルA：商品の場合>

販売会社	購入会社	たな卸資産勘定		在庫金額(低価法適用前)①	利益率②	未実現損益③=①×②	たな卸資産評価損④	未実現調整有無⑤(③<④の場合は調整しない)	未実現損益調整額⑥=③-④	発生時実効税率(販売会社)⑦	税効果金額⑧=⑥×⑦	非支配株主持分比率(販売会社)⑨	非支配株主未実現損益調整額⑩=⑥×⑨	非支配株主持分税効果金額⑪=⑧×⑨
親会社	A社	100400	商品	100,000	30.00%	30,000			30,000	38.01%	11,403	0.00%	0	0
親会社	B社	100400	商品	300,000	30.00%	90,000	100,000	調整なし	0	38.01%	0	0.00%	0	0
親会社	C社	100400	商品	250,000	30.00%	75,000	50,000		25,000	38.01%	9,503	0.00%	0	0
D社	A社	100400	商品	400,000	25.00%	100,000			100,000	38.01%	38,010	30.00%	30,000	11,403
E社	B社	100400	商品	500,000	40.00%	200,000			200,000	38.01%	76,020	20.00%	40,000	15,204
合計				1,550,000		495,000			355,000		134,936		70,000	26,607

※ 太枠で囲った部分は仕訳金額（左から、未実現損益調整額、その税効果金額、未実現損益調整額の非支配株主持分への按分金額、その税効果金額の非支配株主持分への按分金額）です。

<サンプルB：製品の場合>

販売会社	購入会社	たな卸資産勘定		在庫金額①	材料費割合②	在庫金額のうちの材料費③=①×②	利益率④	未実現損益⑤=③×④	発生時実効税率(販売会社)⑥	税効果金額⑦=⑤×⑥
親会社	A社	100410	材料	50,000	100%	50,000	30.00%	15,000	38.01%	5,702
親会社	C社	100420	製品	100,000	40%	40,000	30.00%	12,000	38.01%	4,561
合計				150,000		90,000		27,000		10,263

※ 太枠で囲った部分は仕訳金額（左から未実現損益消去金額、その税効果）です。当サンプルフォーマットの数値例では親会社のみが販売会社であるため、非支配株主持分への按分の列は省略しています。

図表2-4-3の「サンプルA：商品の場合」の各列項目について確認しておきましょう。

① 在庫金額（低価法適用前）

各社から収集したたな卸資産内部取引明細に基づいて，低価法適用前の金額を記入します。

② 利益率

各社から収集した利益率を記入します。なお，もし利益率を商品の種類別に保持している場合には，この表も商品の種類別に作成してそれぞれの利益率を乗じて未実現損益を計算する必要があります。

③ 未実現損益

①在庫金額（低価法適用前）に②利益率を乗じた金額を記入します。

④ たな卸資産評価損

各社から収集したたな卸資産内部取引明細に基づいて，評価損の計上があった場合には，その金額を記入します。

⑤ 未実現調整有無

③未実現損益の額と④たな卸資産評価損の額を比較して，④たな卸資産評価損の額のほうが大きい場合には未実現損益の調整を行わないため，その判定を行います。

⑥ 未実現損益調整額

⑤未実現調整有無の判定をもとに金額を記入します。調整しない場合にはゼロとします。調整はするものの④たな卸資産評価損が計上されている場合には，③未実現損益から④たな卸資産評価損を控除した金額を調整額とします。④たな卸資産評価損が計上されていない場合には，③未実現損益の金額がそのまま調整額となります。

⑦ 発生時実効税率（販売会社）

未実現損益発生時の販売会社の実効税率を記入します。

⑧ 税効果金額

⑥未実現損益調整額に⑦発生時実効税率（販売会社）を乗じた金額を記入し

ます。

⑨ 非支配株主持分比率（販売会社）

販売会社が100％子会社でない場合，非支配株主の持分比率を記入します。

⑩ 非支配株主持分未実現損益調整額

⑥未実現損益調整額に⑨非支配株主持分比率（販売会社）を乗じた金額を記入します。

⑪ 非支配株主持分税効果金額

⑧税効果金額に⑨非支配株主持分比率（販売会社）を乗じた金額を記入します。

サンプルAの数値例に基づいて，連結消去・修正仕訳を行うと以下のようになります（開始仕訳はここでは考慮していません）。

図表2-4-4　図表2-4-3サンプルAに基づく連結消去・修正仕訳

販売会社	購入会社	借方		貸方	
親会社	A社	売上原価	30,000	商品	30,000
		繰延税金資産（短期）	11,403	法人税等調整額	11,403
親会社	C社	売上原価	25,000	商品	25,000
		繰延税金資産（短期）	9,503	法人税等調整額	9,503
D社	A社	売上原価	100,000	商品	100,000
		非支配株主持分	30,000	非支配株主損益	30,000
		繰延税金資産（短期）	38,010	法人税等調整額	38,010
		非支配株主損益	11,403	非支配株主持分	11,403
E社	B社	売上原価	200,000	商品	200,000
		非支配株主持分	40,000	非支配株主損益	40,000
		繰延税金資産（短期）	76,020	法人税等調整額	76,020
		非支配株主損益	15,204	非支配株主持分	15,204

「サンプルB：製品の場合」の，各列項目についても確認しておきましょう。

① 在庫金額

各社から収集した明細に基づいて，在庫金額を記入します。

② 材料費割合

製品に含まれている材料費割合です。これは事前に未実現損益消去額の計算をどのように行うかの方針を決定し，その方針に基づいて，各社からデータ収集をしておく必要があります（当サンプルは親会社が販売会社なので，親会社側で把握している材料費割合を記入します）。

③ 在庫金額のうちの材料費

①在庫金額に②材料費割合を乗じた金額を記入します。これが未実現損益計算の元金額となります。

④ 利益率

販売会社（当サンプルでは親会社）が材料を他の子会社へ販売する際の利益率を記入します。

⑤ 未実現損益

③在庫金額に含まれる材料費に④利益率を乗じた金額を記入します。

⑥ 発生時実効税率（販売会社）

未実現損益発生時の販売会社の実効税率を記入します。

⑦ 税効果金額

⑤未実現損益に⑥発生時実効税率（販売会社）を乗じた金額を記入します。

サンプルBの数値例に基づいて，連結消去・修正仕訳を行うと以下のようになります（開始仕訳はここでは考慮していません）。

図表2-4-5　図表2-4-3サンプルBに基づく連結消去・修正仕訳

販売会社	購入会社	借方		貸方	
親会社	A社	売上原価	15,000	材料	15,000
		繰延税金資産（短期）	5,702	法人税等調整額	5,702
親会社	C社	売上原価	12,000	製品	12,000
		繰延税金資産（短期）	4,561	法人税等調整額	4,561

> **Column　評価損と未実現利益**
>
> 　たな卸資産の評価損を計上している場合，未実現利益よりもたな卸資産評価損のほうが大きい場合には，たな卸資産評価損の計上によって未実現利益はすでに実現しているため，連結上，未実現利益の消去は行いません。
>
> ### 図表2-4-6　未実現利益＜たな卸資産評価損
>
>
>
> 　一方，未実現利益よりもたな卸資産評価損のほうが小さい場合には，未実現利益の一部がたな卸資産評価損の計上によって実現し，残りはまだ実現していないため，未実現利益からたな卸資産評価損を控除した金額のみ連結上で未実現利益を消去します。

図表 2-4-7　未実現利益＞たな卸資産評価損

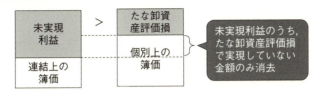

よって，未実現損益の消去額を正しく計算するためには，期末に在庫として残っているたな卸資産の取得原価だけでなく，たな卸資産評価損の額も一緒にデータ収集しておく必要があるのです。

5　未実現損益の消去（固定資産）

(1)　固定資産に含まれる未実現損益の把握

たな卸資産と同様に，固定資産を連結企業集団内で売買した場合にも未実現損益が生じる場合があります。

固定資産に含まれる未実現損益の場合，まずは売却側が売上高として計上したものなのか，固定資産売却損益を計上したものなのかによって，連結消去・修正仕訳が異なります。

①　売却側が売上高として計上したケース

売却側が売上高として計上した場合，売却側の売上高とそれに対応する売上原価を消去するとともに，差額の利益を固定資産から控除します。

（当期仕訳）　未実現発生時

売　上　高	XXX	売　上　原　価	※1 XXX
		固　定　資　産	※2 XXX

※1 売却側の会社の原価を売上原価勘定から消去
※2 差額の利益部分を固定資産勘定から消去

(開始仕訳)

| 利益剰余金期首残高 | XXX / 固 定 資 産 | XXX |

※ 未実現利益の金額だけを開始仕訳として利益剰余金期首残高で引継ぎ

② 売却側が固定資産売却損益を計上したケース

売却側が固定資産売却損益を計上した場合，連結財務諸表上はこの固定資産売却損益を消去するとともに，同額を固定資産から控除します。

(当期仕訳)　未実現発生時

| 固定資産売却益 | XXX / 固 定 資 産 | XXX |

※ 売却側で計上した利益を固定資産勘定から消去

(開始仕訳)

| 利益剰余金期首残高 | XXX / 固 定 資 産 | XXX |

※ 未実現利益の金額だけを開始仕訳として利益剰余金期首残高で引継ぎ（①の開始仕訳と同様）

(2) 未実現損益を含む固定資産情報の確認

① 減価償却方法の確認

未実現損益を含む固定資産が償却性資産の場合，連結手続上，未実現損益消去に伴う減価償却費の調整仕訳も必要となります。

よって，以下の項目をあらかじめ確認しておく必要があります。

・償却方法
・耐用年数
・残存価額

上記の情報は購入側での償却情報です。購入側が，当該資産に対してどのように減価償却を行っているかを調査し，連結手続上，未実現損益の消去に伴って減価償却費の調整を行います。

設例2-5-1　固定資産に含まれる未実現損益の消去仕訳

以下の前提条件に基づいて，固定資産に含まれる未実現損益の消去仕訳とそれに伴う減価償却費の調整仕訳を示しなさい（当期仕訳および翌期の開始仕訳）。
（前提条件）
・P社はS社の発行済株式数の100％を取得し，連結子会社としている。
・当期首にP社はS社に対し，機械装置（簿価800）を1,000で売却し，固定資産売却益200を計上している。
・S社はP社から購入した機械装置について，残存価額ゼロ，耐用年数は5年，定額法にて減価償却を行っている。

【解答】

（当期仕訳）

・未実現損益の消去仕訳

固定資産売却益	200	／	機 械 装 置	200

・減価償却費の調整仕訳

減価償却累計額	40	／	減 価 償 却 費	40

※　200÷5年＝40

（翌期の開始仕訳）

利益剰余金期首残高	※160	／	機 械 装 置	200
減価償却累計額	40			

※　200－40＝160（期首の未実現利益残高）

【解説】

償却性資産の場合，固定資産に含まれている未実現利益は減価償却によって一部実現します。よって，連結消去・修正仕訳において個別上で計上した減価

償却費のうち，未実現利益に係る部分を調整するための仕訳を行います。

② 期末残高の確認

未実現損益を含んでいる固定資産が，期末日現在どのような状況にあるかを，償却性資産，非償却性資産にかかわらず確認しておく必要があります。

具体的には，第三者に売却されていないかどうか，個別財務諸表で減損されていないかどうかという点です。

第三者に売却されていた場合，売却によって未実現損益は全額実現します。

よって，未実現損益を含む固定資産が当期中に外部の第三者に売却された場合には，売却時点までの減価償却費の調整を行うとともに，売却時点の未実現損益の実現仕訳を行う必要があります。

同様に，減損されていた場合にも，減損によって未実現損益は実現します。

よって，未実現損益を含む固定資産が当期に減損された場合，当期の減価償却費の調整を行うとともに，減損時点の未実現損益の実現仕訳を行う必要があります。

設例 2-5-2　固定資産に含まれる未実現損益の消去仕訳（減損）

　以下の前提条件に基づいて，固定資産に含まれる未実現損益の消去仕訳とそれに伴う減価償却費の調整仕訳を示しなさい（開始仕訳および当期仕訳）。
（前提条件）
- P社はS社の発行済株式数の100％を取得し，連結子会社としている。
- 前期の期首にP社はS社に対し，機械装置（簿価800）を1,000で売却し，固定資産売却益200を計上している。
- S社はP社から購入した機械装置について，残存価額ゼロ，耐用年数は5年，定額法にて減価償却を行っている。
- 当期末にS社は当該機械装置を減損処理し，残高はゼロとしている。

第2章 連結精算表作成手続の整備

【解答】

(開始仕訳)

利益剰余金期首残高	※160	機 械 装 置	200
減価償却累計額	40		

※ 200－40（1年分の減価償却費調整額）＝160

(当期仕訳)

・減価償却費の調整仕訳

減価償却累計額	40	減 価 償 却 費	40

※ 200÷5年＝40

・未実現損益の実現仕訳

機 械 装 置	200	減価償却累計額	※1 80
		減 損 損 失	※2 120

※1 200÷5年×2年＝80（減損処理時点までの減価償却費調整累計額）
※2 貸借差額（減損処理時点までの未実現利益残高）

なお，減損損失累計額を計上している場合には以下のような実現仕訳となります。

・未実現損益の実現仕訳：減損損失累計額を利用している場合

減損損失累計額	120	減 損 損 失	120

【解説】

　未実現損益を含む固定資産が減損処理された場合，減損損失の計上によって未実現損益は実現します。よって，連結消去・修正仕訳で減損損失に含まれている未実現損益の実現仕訳を行います。

　この仕訳を行った結果，連結財務諸表は以下のようになります（減損損失累計額を利用している場合）。

S社	損益計算書				連結損益計算書		
︙	︙	︙	︙	︙	︙	︙	︙
減価償却費	200			減価償却費	160		

S社	貸借対照表				連結貸借対照表		
︙	︙	︙	︙	︙	︙	︙	︙
機械装置	1,000			機械装置	800		
減価償却累計額	△400			減価償却累計額	△320		
減損損失累計額	△600			減損損失累計額	△480		
	0				0		

(3) 固定資産未実現損益管理表,固定資産未実現損益償却管理表の作成

　各社から収集した情報に基づいて,固定資産未実現損益管理表(図表2-5-1)を作成し,そこで計算された金額に基づいて連結消去・修正仕訳を行います。連結会計システムを利用している場合には,通常,連結会計システムから同様のレポートが出力できるため,その金額を確認します。

　なお,他の調整表と同様に,この管理表では未実現損益額だけでなく,税効果金額も同時に確認できるようなしくみにしておいたほうが,税効果仕訳の金額を確かめるうえでも非常に有用です。

　また,償却性資産の場合,固定資産未実現損益償却管理表(図表2-5-2)も必要となります。

第2章 連結精算表作成手続の整備

図表2-5-1 固定資産未実現損益管理表のサンプルフォーマット

管理ID	取得会社	売却会社	未実現発生年月	取得側勘定科目		売却側勘定科目		取得原価 ①	売却簿価 ②	未実現損益 ③	発生時実効税率（売却会社）④	税効果金額 ⑤＝③×④	非支配株主持分比率（売却会社）⑥	非支配株主持分		期末 ⑨
														未実現損益調整額 ⑦＝③×⑥	税効果金額 ⑧＝⑤×⑥	
001	A社	親会社	20X3/04	110600	機械装置	100420	製品	5,000,000	4,000,000	1,000,000	35.64%	356,400	0.00%	0	0	期末に売却
002	B社	親会社	20X3/10	110600	機械装置	110600	機械装置	10,000,000	8,000,000	2,000,000	35.64%	712,800	0.00%	0	0	
003	C社	親会社	20X4/02	110600	機械装置	110600	機械装置	1,500,000	1,000,000	500,000	35.64%	178,200	0.00%	0	0	
004	A社	D社	20X4/07	120100	ソフトウェア	120100	ソフトウェア	800,000	600,000	200,000	38.01%	76,020	30.00%	60,000	22,806	
005	B社	E社	20X5/07	120100	ソフトウェア	120100	ソフトウェア	500,000	400,000	100,000	38.01%	38,010	20.00%	20,000	7,602	
				110600	機械装置					3,500,000						
				120100	ソフトウェア					300,000						
							合計			3,800,000		1,361,430		80,000	30,408	

※1 前提として、当期は20X5/04～20X6/03としています。
※2 太枠で囲った部分は仕訳金額（左から（上段）機械装置の未実現損益、（下段）ソフトウェアの未実現損益、その税効果金額、未実現損益の非支配株主持分への按分金額、その税効果金額の非支配株主持分への按分金額）です。

図表2-5-2 固定資産未実現損益償却管理表のサンプルフォーマット

管理ID	取得会社	売却会社	償却開始年月	取得側勘定科目		償却科目		償却方法①	耐用年数②	未実現損益③	残存価額④	(期首)償却による実現額⑤
001	A社	親会社	20X3/04	110600	機械装置	500100	売上原価	定額法	10年	1,000,000	100,000	*180,000*
002	B社	親会社	20X3/10	110600	機械装置	500100	売上原価	定額法	10年	2,000,000	200,000	*270,000*
003	C社	親会社	20X4/02	110600	機械装置	603000	減価償却費	定額法	10年	500,000	50,000	*52,500*
004	A社	D社	20X4/07	120100	ソフトウェア	603000	減価償却費	定額法	5年	200,000	0	*30,000*
005	B社	E社	20X5/07	120100	ソフトウェア	603000	減価償却費	定額法	5年	100,000	0	*0*
						500100	売上原価					
						603000	減価償却費					
											合計	*532,500*

※ 当期は20X5/04～20X6/03としています。
※ 太枠で囲った部分は仕訳金額(左から(上段)当期減価償却費調整額(売上原価)、(下段)費調整額の非支配株主持分への按分金額、当期税効果金額の非支配株主持分への按分金
※ 太字の斜体の金額は開始仕訳の金額(左から開始仕訳の減価償却累計額、開始仕訳の繰

(期末)償却による実現額 ⑥	当期償却額 ⑦	発生時実効税率(売却会社) ⑧	(期首)償却による実現額の税効果金額 ⑨=⑤×⑧	税効果金額 ⑩=⑦×⑧	非支配株主持分比率(売却会社) ⑪	非支配株主持分				顛末 ⑯
						(期首)償却による実現額 ⑫=⑤×⑪	当期償却額 ⑬=⑦×⑪	(期首)償却による実現額の税効果 ⑭=⑨×⑪	税効果金額 ⑮=⑩×⑪	
270,000	90,000	35.64%	64,152	32,076	0.00%	0	0	0	0	期末に売却
450,000	180,000	35.64%	96,228	64,152	0.00%	0	0	0	0	
97,500	45,000	35.64%	18,711	16,038	0.00%	0	0	0	0	
70,000	40,000	38.01%	11,403	15,204	30.00%	9,000	12,000	3,421	4,561	
15,000	15,000	38.01%	0	5,702	20.00%	0	3,000	0	1,140	
	270,000									
	100,000									
902,500	370,000		190,494	133,172		9,000	15,000	3,421	5,701	

当期減価償却費調整額（減価償却費），当期減価償却費調整額の税効果金額，当期減価償却額）です。

延税金資産（長期），開始仕訳の非支配株主持分とその税効果金額）です。

まず，固定資産未実現損益管理表のサンプルフォーマットの各列項目について確認しておきましょう。

① 取得原価

各社から収集した固定資産内部取引明細に基づいて，購入側の取得原価を記入します。

② 売却簿価

各社から収集した固定資産内部取引明細に基づいて，売却側の売却簿価を記入します。

③ 未実現損益

①取得原価から②売却簿価を差し引いた金額を記入します。

④ 発生時実効税率（売却会社）

未実現損益発生時の売却会社の実効税率を記入します。

⑤ 税効果金額

③未実現損益に④発生時実効税率（売却会社）を乗じた金額を記入します。

⑥ 非支配株主持分比率（売却会社）

売却会社が100％子会社でない場合，非支配株主の持分比率を記入します。

⑦ 非支配株主持分未実現損益調整額

③未実現損益に⑥非支配株主持分比率（売却会社）を乗じた金額を記入します。

⑧ 非支配株主持分税効果金額

⑤税効果金額に⑥非支配株主持分比率（売却会社）を乗じた金額を記入します。

⑨ 顛末

未実現損益を含む資産が当期中に売却，除却または減損した場合には，その日付と顛末を記入します。

固定資産未実現損益管理表のサンプルフォーマットの数値例に基づいて，固定資産未実現発生時の連結消去・修正仕訳を行うと以下のようになります（売

却による実現仕訳は除く)。なお,当期は20X6年3月(3月決算会社)とし,発生年月に基づいて開始仕訳も考慮するものとします。

図表2-5-3 図表2-5-1に基づく連結消去・修正仕訳

(開始仕訳)

売却会社	取得会社	借方		貸方	
親会社	A社	利益剰余金(期首残高)	1,000,000	機械装置	1,000,000
		繰延税金資産(長期)	356,400	利益剰余金(期首残高)	356,400
親会社	B社	利益剰余金(期首残高)	2,000,000	機械装置	2,000,000
		繰延税金資産(長期)	712,800	利益剰余金(期首残高)	712,800
親会社	C社	利益剰余金(期首残高)	500,000	機械装置	500,000
		繰延税金資産(長期)	178,200	利益剰余金(期首残高)	178,200
D社	A社	利益剰余金(期首残高)	200,000	ソフトウェア	200,000
		非支配株主持分	60,000	利益剰余金(期首残高)	60,000
		繰延税金資産(長期)	76,020	利益剰余金(期首残高)	76,020
		利益剰余金(期首残高)	22,806	非支配株主持分	22,806

(当期仕訳)

売却会社	取得会社	借方		貸方	
E社	B社	固定資産売却益	100,000	ソフトウェア	100,000
		非支配株主持分	20,000	非支配株主損益	20,000
		繰延税金資産(長期)	38,010	法人税等調整額	38,010
		非支配株主損益	7,602	非支配株主持分	7,602

今回の数値例では,管理ID001〜004の未実現損益発生年月は当期(20X6年3月期)以前に行われている取引であるため,すべて開始仕訳となります。管理ID005は当期中の取引であるため,当期仕訳として未実現損益消去の仕訳を行います。なお,未実現損益を消去する際の損益科目は,売却側がたな卸資産を売却した場合には,売上高と売上原価をそれぞれ消去し,固定資産を売却した場合には固定資産売却損益を消去することとなります。

また，管理ID001は期末に外部に売却されたため，未実現損益の実現仕訳を行う必要があります。実現仕訳は，次の固定資産未実現損益償却管理表とあわせて確認したいと思います。

次に，固定資産未実現損益償却管理表のサンプルフォーマットについても確認しておきましょう。なお，固定資産未実現損益管理表の右側に償却管理表を含める方法もありますが，今回のサンプルでは2つに分けて別々の管理表としています。よって，管理IDは共通なので，どの資産の償却金額かはリファレンスが取れるようになっています。

① 償却方法

取得会社から収集した情報に基づいて，未実現損益を含む固定資産の償却方法を記入します。

② 耐用年数

取得会社から収集した情報に基づいて，未実現損益を含む固定資産の耐用年数を記入します。

③ 未実現損益

前述の固定資産未実現損益管理表の管理IDごとの未実現損益額を記入します。減価償却費を計算するための管理表なので，償却が必要なもののみを記入します。

④ 残存価額

取得会社から収集した情報に基づいて，未実現損益を含む固定資産の未実現損益に対応する残存価額を記入します。

⑤ （期首）償却による実現額

当期首（前期末）までの減価償却による実現額を記入します。具体的には償却開始年月から当期首（前期末）までの経過月数に応じて計算した償却累計額を記入します。開始仕訳の金額となります。

⑥ （期末）償却による実現額

当決算期末までの減価償却による実現額を記入します。⑤（期首）償却によ

る実現額に当期の償却額を加算した金額を記入します。結果として，償却開始年月から当決算期末までの経過月数に応じて計算した償却累計額となります。

⑦　当期償却額

当期の減価償却による実現額を記入します。具体的には，前期以前から発生しているものは当期首から当決算期末までの経過月数に応じて計算した償却累計額を記入します。当期に発生したものは当期の償却開始年月から当決算期末までの経過月数に応じて計算した償却累計額を記入します。

⑧　発生時実効税率（売却会社）

未実現損益発生時の売却会社の実効税率を記入します。

⑨　（期首）償却による実現額の税効果金額

⑤（期首）償却による実現額に⑧発生時実効税率（売却会社）を乗じた金額を記入します。開始仕訳の金額となります。

⑩　税効果金額

⑦当期償却額に⑧発生時実効税率（売却会社）を乗じた金額を記入します。

⑪　非支配株主持分比率（売却会社）

売却会社が100％子会社でない場合，非支配株主の持分比率を記入します。

⑫　非支配株主持分（期首）償却による実現額

⑤（期首）償却による実現額に⑪非支配株主持分比率（売却会社）を乗じた金額を記入します。開始仕訳の金額となります。

⑬　非支配株主持分当期償却額

⑦当期償却額に⑪非支配株主持分比率（売却会社）を乗じた金額を記入します。

⑭　非支配株主持分（期首）償却による実現額の税効果

⑨（期首）償却による実現額の税効果金額に⑪非支配株主持分比率（売却会社）を乗じた金額を記入します。開始仕訳の金額となります。

⑮　非支配株主持分税効果金額

⑩税効果金額に⑪非支配株主持分比率（売却会社）を乗じた金額を記入します。

⑯ 顛末

未実現損益を含む資産が当期中に売却，除却または減損した場合には，その日付と顛末を記入します。

固定資産未実現損益償却管理表のサンプルフォーマットの数値例に基づいて，固定資産未実現の実現時の連結消去・修正仕訳を行うと以下のようになります（売却による実現仕訳は除く）。なお，当期は20X6年3月（3月決算会社）とし，発生年月に基づいて開始仕訳も考慮するものとします。

図表2-5-4　図表2-5-2に基づく連結消去・修正仕訳

（開始仕訳）

売却会社	取得会社	借方		貸方	
親会社	A社	機械装置減価償却累計額	180,000	利益剰余金（期首残高）	180,000
		利益剰余金（期首残高）	64,152	繰延税金資産（長期）	64,152
親会社	B社	機械装置減価償却累計額	270,000	利益剰余金（期首残高）	270,000
		利益剰余金（期首残高）	96,228	繰延税金資産（長期）	96,228
親会社	C社	機械装置減価償却累計額	52,500	利益剰余金（期首残高）	52,500
		利益剰余金（期首残高）	18,711	繰延税金資産（長期）	18,711
D社	A社	ソフトウェア	30,000	利益剰余金（期首残高）	30,000
		利益剰余金（期首残高）	9,000	非支配株主持分	9,000
		利益剰余金（期首残高）	11,403	繰延税金資産（長期）	11,403
		非支配株主持分	3,421	利益剰余金（期首残高）	3,421

（当期仕訳）

売却会社	取得会社	借方		貸方	
親会社	A社	機械装置減価償却累計額	90,000	売上原価	90,000
		法人税等調整額	32,076	繰延税金資産（長期）	32,076
親会社	B社	機械装置減価償却累計額	180,000	売上原価	180,000
		法人税等調整額	64,152	繰延税金資産（長期）	64,152

親会社	C社	機械装置減価償却累計額	45,000	減価償却費	45,000
		法人税等調整額	16,038	繰延税金資産（長期）	16,038
D社	A社	ソフトウェア	40,000	減価償却費	40,000
		非支配株主損益	12,000	非支配株主持分	12,000
		法人税等調整額	15,204	繰延税金資産（長期）	15,204
		非支配株主持分	4,561	非支配株主損益	4,561
E社	B社	ソフトウェア	15,000	減価償却費	15,000
		非支配株主損益	3,000	非支配株主持分	3,000
		法人税等調整額	5,702	繰延税金資産（長期）	5,702
		非支配株主持分	1,140	非支配株主損益	1,140

6　連結精算表の作成

　連結財務諸表の作成は，連結精算表と呼ばれるワークシート上で行います。連結会計システムを利用している場合であっても，通常，連結精算表がレポートとして出力できるようになっていますので，これを出力して内容を確認する必要があります。

(1)　連結精算表のサンプル

　それでは，連結精算表の各列項目と各行項目の記載内容について，簡単なサンプルフォーマットをもとに確認しておきましょう。

①　列項目

　連結精算表の各列項目には，合算と連結消去・修正仕訳欄，連結財務諸表金額があるのが一般的です。

図表2-6-1　連結精算表のサンプルフォーマット

勘定科目	単純合算	連結消去・修正仕訳			連結財務諸表金額
		資本連結	内部取引	未実現損益消去	
現金預金					
受取手形					
売掛金					
商品					
:	:	:	:	:	:

　連結会社数が少ない場合には，合算列を会社ごとに分解し，各社の個別財務諸表金額を表示して，それらを合計したものを合算として表示します。

　連結会社数が多い場合には，合算は別のレポートとして作成し，単純合算表の合計金額を連結精算表に転記します。

図表2-6-2　単純合算表のサンプルフォーマット

勘定科目	親会社	子会社A	子会社B	子会社C	‥	単純合算
現金預金						
受取手形						
売掛金						
商品						
:	:	:	:	:		:

　また，連結消去・修正仕訳の列は，内容別に分解して記載する形式が一般的です。

図表2-6-3　連結消去・修正仕訳列の内容別分類例

- 投資と資本の消去
- 非支配株主持分への按分（当期純損益の按分，その他の包括利益の按分，配当金の振替等）
- のれんの償却
- 損益取引の消去
- 債権債務の消去
- 貸倒引当金の調整
- 未実現損益の消去（たな卸資産）
- 未実現損益の消去（固定資産）
- 連結手続上の税効果
- 持分法仕訳

　もちろん，上記に限らず，自社でわかりやすい分類を検討し，その分類ごとに連結消去・修正仕訳金額を集計して連結精算表に記入します。

　また，開始仕訳は一般的には開始仕訳だけの列を作らずに，各内容別の列に開始仕訳と当期仕訳を合わせて記入します。そうすることにより，前期末の利益剰余金期末残高と当期末の利益剰余金期首残高の一致のチェックがしやすくなります。また，利益剰余金の連結手続上での影響額を分析する際，内容別に列が分かれていることで，分析もしやくすなるというメリットがあります。

② 行項目

　連結精算表の行項目は，貸借対照表，損益計算書，株主資本等変動計算書の各項目を一覧にしてあるのが一般的です。

図表2-6-4　連結精算表のサンプルフォーマット

勘定科目	合算	連結消去・修正仕訳			連結財務諸表金額
		資本連結	内部取引の消去	未実現損益の消去	
貸借対照表					
：	：	：	：	：	：
資産合計					
：	：	：	：	：	：
負債合計					
：	：	：	：	：	：
資本金					
資本剰余金					
利益剰余金					
純資産合計					
有価証券評価差額金					
為替換算調整勘定					
負債・純資産合計					
損益計算書					
売上高					
売上原価					
：					
当期純利益					
非支配株主損益					
親会社株主損益					
株主資本等変動計算書					
資本金期首					
資本金増減					
資本金期末					
資本剰余金期首					
資本剰余金増減					
資本剰余金期末					
利益剰余金期首					
剰余金の配当					
親会社株主損益					
利益剰余金増減					
利益剰余金期末					
有価証券評価差額金期首					
有価証券評価差額金増減					
有価証券評価差額金期末					
為替換算調整勘定期首					
為替換算調整勘定増減					
為替換算調整勘定期末					

※網掛けは計算値

(2) 連結精算表の記入方法

① 借方，貸方の記入方法

連結精算表は，一般的に各列項目が1列しかなく，借方と貸方に分かれていません。よって，借方と貸方を区別するために，「貸方はマイナスで記入する」，「貸方はカッコを付けて記入する」といったルールをあらかじめ設けて記入（転記）を行います。また，貸方金額をマイナスやカッコをつけて表現しない形式の場合には，各項目の横に借方属性か貸方属性がわかるような列を設け，そこで区別できるようにしているケースもあります。

では，それぞれの形式のサンプルフォーマットを確認しておきましょう。

図表2-6-5　連結精算表の借方貸方の区別のしかたのサンプルフォーマット①

＜貸方金額にカッコをつけて記入する形式＞

勘定科目	合算	資本連結	内部取引の消去	未実現損益の消去	連結財務諸表
貸借対照表					
現金及び預金	299,000				299,000
売掛金	450,000		(15,000)		435,000
：	：				：
子会社株式	100,000	(100,000)			0
のれん	0	14,000			14,000
資産合計	1,158,000	(86,000)	(15,000)	(1,000)	1,056,000
買掛金	(318,000)		15,000		(303,000)
：	：				：
資本金	(200,000)	50,000			(150,000)
資本剰余金	(200,000)	50,000			(150,000)
利益剰余金	(210,000)	8,000		1,000	(201,000)
非支配株主持分		(22,000)			(22,000)
負債純資産合計	(1,158,000)	86,000	15,000	1,000	(1,056,000)

この形式の場合，借方はプラス，貸方はマイナスで記入するため，金額を確認する場合には縦を合計してゼロになっているかどうかチェックをすることで不整合がないかどうかを確認できるというメリットがあります。

図表2-6-6　連結精算表の借方貸方の区別のしかたのサンプルフォーマット②

＜借方貸方の属性列を設けて記入する形式＞

勘定科目	属性	合算	資本連結	内部取引の消去	未実現損益の消去	連結財務諸表
貸借対照表						
現金及び預金	借方	299,000				299,000
売掛金	借方	450,000		△15,000		435,000
:	借方	:				:
子会社株式	借方	100,000	△100,000			0
のれん	借方	0	14,000			14,000
資産合計	借方	1,158,000	△86,000	△15,000	△1,000	1,056,000
買掛金	貸方	318,000		△15,000		303,000
:	貸方	:				:
資本金	貸方	200,000	△50,000			150,000
資本剰余金	貸方	200,000	△50,000			150,000
利益剰余金	貸方	210,000	△8,000		△1,000	201,000
非支配株主持分	貸方		22,000			22,000
負債純資産合計	貸方	1,158,000	△86,000	△15,000	△1,000	1,056,000

この形式の場合，貸方にマイナスをつけていないため，その後の連結財務諸表を作成する際には金額はそのまま転記することができるというメリットがあります。連結消去・修正仕訳金額欄は，もとの金額から消去する場合には，△（マイナス）で表現しています。

② 連結精算表内の整合性の確認

前述のとおり，連結精算表で貸借対照表，損益計算書，株主資本等変動計算書の各項目を1つのシートに表示している理由は，それぞれつながりがあり，整合性が取れている必要があるからです。もちろん，別のシートで管理してもかまいませんが，以下のチェック項目1とチェック項目2は同じ金額である必要がありますので，必ず確認をしてください。

図表2-6-7　連結精算表内の整合性

チェック項目1	チェック項目2
（前期）貸借対照表：資本金	株主資本等変動計算書：資本金期首残高
（前期）貸借対照表：資本剰余金	株主資本等変動計算書：資本剰余金期首残高
（前期）貸借対照表：利益剰余金	株主資本等変動計算書：利益剰余金期首残高
（前期）貸借対照表：有価証券評価差額金	株主資本等変動計算書：有価証券評価差額金期首残高
（前期）貸借対照表：為替換算調整勘定	株主資本等変動計算書：為替換算調整勘定期首残高
貸借対照表：資本金	株主資本等変動計算書：資本金期末残高
貸借対照表：資本剰余金	株主資本等変動計算書：資本剰余金期末残高
貸借対照表：利益剰余金	株主資本等変動計算書：利益剰余金期末残高
貸借対照表：有価証券評価差額金	株主資本等変動計算書：有価証券評価差額金期末残高
貸借対照表：為替換算調整勘定	株主資本等変動計算書：為替換算調整勘定期末残高
損益計算書：親会社株主損益	株主資本等変動計算書：親会社株主損益

当サンプルでは，その他の包括利益累計額項目として，「有価証券評価差額金」と「為替換算調整勘定」のみを例示していますが，「繰延ヘッジ損益」や「退職給付に係る調整累計額」が存在する場合には，同様に貸借対照表の残高と株主資本等変動計算書の期末残高の一致チェックが必要となります。

③ 連結精算表の記入例

それでは，以下の仕訳を連結精算表に記入してみましょう。

| 売 上 原 価 | 100 | / | 商　　　品 | 100 |

上記は，未実現損益消去の仕訳です。これを連結精算表に転記するときの流れを確認します。

図表2-6-8　連結消去・修正仕訳の連結精算表への記入手順

① 借方，貸方の各項目をそれぞれの行に記入する。この時，借方，貸方の記入ルールに従って符号を記入する
② 損益計算書項目に記入があった場合には，当期純利益欄，親会社株主損益欄に合計額を記入する
③ 損益計算書の親会社株主損益の金額と同額を，株主資本等変動計算書の親会社株主損益欄，利益剰余金期末残高欄に記入する
④ 株主資本等変動計算書の利益剰余金期末残高の金額と同額を，貸借対照表の利益剰余金欄に記入する
⑤ 貸借対照表の資産合計，負債・純資産合計を計算し，一致していることを確認する
（一致していない場合には，どこかの転記や計算が誤っている可能性があるので，再度①からの手順を確認する）

上記の手順に従って，未実現損益消去の仕訳を記入してみると以下のようになります。

図表2-6-9　連結精算表の記入例

勘定科目	連結消去・修正仕訳			
	資本連結	内部取引の消去	未実現損益の消去	
貸借対照表				
商品	:	:	(100)	①
資産合計			(100)	⑤
利益剰余金			100	④
負債・純資産合計			100	⑤
損益計算書				
売上原価			100	①
当期純利益			100	②
非支配株主損益				
親会社株主損益			100	②
株主資本等変動計算書				
親会社株主損益			100	③
利益剰余金期末			100	③

※　貸方はカッコを付けて記入すること

　それでは，簡単な設例をもとに，連結精算表を作成してみましょう。

設例2-6-1　連結精算表の作成

以下の前提条件に基づいて，X0年3月期の連結精算表を完成させなさい。

（前提条件）
- P社はX0年3月31日（前期末）にS社の発行済株式総数の80％を100,000で取得し，連結子会社とした。
- 前期末のS社の資本勘定は，資本金50,000，資本剰余金50,000，利益剰余金5,000であった。
- 支配獲得時のS社の資産および負債の簿価と時価は同額であった。
- のれんは当期から8年間で定額法により償却を行う。
- 当期のP社売上高のうち，S社に対するものは60,000（S社のP社からの仕入高も同額）であった。
- 当期のP社売掛金のうち，S社に対するものは15,000（S社のP社に対する買掛金も同額）であった。
- P社およびS社ともに売掛金に対して毎期2％の貸倒引当金を設定しており，前期のP社の売掛金のうち，S社に対するものは10,000であった。
- S社の前期末の商品のうち，P社から購入したものは6,000，当期末の商品のうち，P社から購入したものは5,000であった。
- 前期当期ともにP社からS社へ商品を販売する際の利益率は20％であった。
- 税効果は考慮しない。

【解説】

当期における連結消去・修正仕訳は以下のようになります。なお，株主資本等変動計算書も連結精算表で作成するため，前期末の純資産項目に影響を与えるものは，「期首残高」の修正として仕訳を行います。

（投資と資本の消去）

・開始仕訳

資本金期首残高	[※1]50,000	子会社株式	100,000
資本剰余金期首残高	[※1]50,000	非支配株主持分期首残高	[※3]21,000
利益剰余金期首残高	[※1]5,000		
の れ ん	[※2]16,000		

※1　支配獲得時（前期末）のS社資本　開始仕訳であるため，"期首残高"の修正となります

※2　100,000−(50,000+50,000+5,000)×80％=16,000
※3　(50,000+50,000+5,000)×20％=21,000

(当期純利益の按分)

・当期仕訳

非支配株主損益	1,000 / 非支配株主持分	1,000

※　5,000(S社当期純利益(後述の連結精算表より))×20％=1,000

(のれんの償却)

・当期仕訳

のれん償却	2,000 / のれん	2,000

※　16,000÷8年=2,000

(損益取引の消去)

・当期仕訳

売上高	60,000 / 売上原価	60,000

(債権債務の消去)

・当期仕訳

買掛金	15,000 / 売掛金	15,000

(貸倒引当金の調整)

・開始仕訳

貸倒引当金	200 / 利益剰余金期首残高	200

※　前期売掛金消去額10,000×2％=200

・当期仕訳

貸倒引当金繰入	200 / 貸倒引当金	200

※　前期金額の振戻(実現仕訳)

| 貸倒引当金 | 300 | / | 貸倒引当金繰入 | 300 |

※ 当期金額の消去15,000×2％＝300

（未実現損益の消去）

・開始仕訳

| 利益剰余金期首残高 | 1,200 | / | 商　　品 | 1,200 |

※ 前期たな卸資産残高6,000×20％＝1,200

・当期仕訳

| 商　　品 | 1,200 | / | 売　上　原　価 | 1,200 |

※ 前期金額の振戻（実現仕訳）

| 売　上　原　価 | 1,000 | / | 商　　品 | 1,000 |

※ 当期金額の消去5,000×20％＝1,000

　連結消去・修正仕訳を連結精算表に記入すると次ページのようになります。ここでの連結精算表の例では，貸方金額はカッコをつけて示しています。

第2章 連結精算表作成手続の整備

[解答] 連結精算表

勘定科目	P社	S社	合算	投資と資本の消去	当期純利益の按分	のれんの償却	損益取引の消去	債権債務の消去	貸倒引当金の調整	未実現損益の消去	連結財務諸表
貸借対照表											
現金及び預金	273,000	26,000	299,000								299,000
売掛金	400,000	50,000	450,000					(15,000)			435,000
貸倒引当金	(8,000)	(1,000)	(9,000)						300		(8,700)
商品	15,000	5,000	20,000							(1,000)	19,000
その他流動資産	150,000	28,000	178,000								178,000
子会社株式	100,000	0	100,000	(100,000)							0
その他固定資産	90,000	30,000	120,000								120,000
のれん	0	0	0	16,000		(2,000)					14,000
資産合計	1,020,000	138,000	1,158,000	(84,000)	0	(2,000)	0	(15,000)	300	(1,000)	1,056,300
買掛金	(300,000)	(18,000)	(318,000)					15,000			(303,000)
その他流動負債	(140,000)	(6,000)	(146,000)								(146,000)
その他固定負債	(80,000)	(4,000)	(84,000)								(84,000)
資本金	(150,000)	(50,000)	(200,000)	50,000							(150,000)
資本剰余金	(150,000)	(50,000)	(200,000)	50,000							(150,000)
利益剰余金	(200,000)	(10,000)	(210,000)	5,000	1,000	2,000			(300)	1,000	(201,300)
非支配株主持分	0	0	0	(21,000)	(1,000)						(22,000)
負債・純資産合計	(1,020,000)	(138,000)	(1,158,000)	84,000	0	2,000	0	15,000	(300)	1,000	(1,056,300)
貸借バランスチェック→	0	0	0	0	0	0	0	0	0	0	0

勘定科目	P社	S社	合算	投資と資本の消去	当期純利益の按分	のれんの償却	損益取引の消去	債権債務の消去	貸倒引当金の調整	未実現損益の消去	連結財務諸表
損益計算書											
売上高	(1,500,000)	(120,000)	(1,620,000)				60,000				(1,560,800)
売上原価	990,000	72,000	1,062,000				(60,000)			(200)	1,001,800
のれん償却	0	0	0			2,000					2,000
貸倒引当金繰入	3,000	1,000	4,000						(100)		3,900
その他販売費及び一般管理費	450,000	41,500	491,500								491,500
営業外収益	(26,000)	(1,000)	(27,000)								(27,000)
営業外費用	18,000	1,500	19,500								19,500
特別利益	(5,000)	0	(5,000)								(5,000)
特別損失	6,000	0	6,000								6,000
当期純利益	(64,000)	(5,000)	(69,000)	0	0	2,000	0	0	(100)	(200)	(67,300)
非支配株主損益	0	0	0		1,000						1,000
親会社株主損益	(64,000)	(5,000)	(69,000)	0	1,000	2,000	0	0	(100)	(200)	(66,300)
株主資本等変動計算書											
資本金期首残高	(100,000)	(50,000)	(150,000)	50,000							(100,000)
資本金増減	(50,000)	0	(50,000)								(50,000)
資本金期末残高	(150,000)	(50,000)	(200,000)	50,000	0	0	0	0	0	0	(150,000)
資本剰余金期首残高	(100,000)	(50,000)	(150,000)	50,000							(100,000)
資本剰余金増減	(50,000)	0	(50,000)								(50,000)
資本剰余金期末残高	(150,000)	(50,000)	(200,000)	50,000	0	0	0	0	0	0	(150,000)
利益剰余金期首残高	(136,000)	(5,000)	(141,000)	5,000		2,000			(200)	1,200	(135,000)
親会社株主損益	(64,000)	(5,000)	(69,000)		1,000	2,000	0	0	(100)	(200)	(66,300)
利益剰余金期末残高	(200,000)	(10,000)	(210,000)	5,000	1,000	2,000	0	0	(300)	1,000	(201,300)
非支配株主持分期首残高	0	0	0	(21,000)	0					0	(21,000)
非支配株主持分増減	0	0	0	0	(1,000)					0	(1,000)
非支配株主持分期末残高	0	0	0	(21,000)	(1,000)					0	(22,000)

(3) 連結精算表数値の確認

(2)でも述べましたが,連結精算表の記入がすべて終わったら,あらためて連結精算表数値の確認を行います。エクセル関数等でチェックの仕組みを入れている場合や,連結会計システムで自動的にチェックを行える場合などは,チェック結果にエラーがないかどうか(エクセル関数であれば,一致チェックの場合にはゼロになっているかどうか)を必ず確認してください。連結精算表の確認項目は以下のとおりです。

① 連結財務諸表間の整合性の確認
② 各金額の妥当性の確認
③ 各金額の理論値との確認
④ 単体金額と連結金額との確認

① 連結財務諸表間の整合性の確認

連結精算表に記入されている金額で必ず一致すべき金額が一致しているかどうかを確認します。

図表2-6-10 連結財務諸表間の整合性の確認

チェック項目	チェック内容
連結貸借対照表の貸借一致チェック	貸借対照表の資産合計と,負債・純資産合計が一致しているかどうか
親会社株主損益の一致チェック	連結損益計算書の親会社株主損益と,連結株主資本等変動計算書の親会社株主損益が一致しているかどうか
資本金の一致チェック	連結株主資本等変動計算書の資本金期末残高と,連結貸借対照表の資本金が一致しているかどうか
資本剰余金の一致チェック	連結株主資本等変動計算書の資本剰余金期末残高と,連結貸借対照表の資本剰余金が一致しているかどうか
利益剰余金の一致チェック	連結株主資本等変動計算書の利益剰余金期末残高と,連結貸借対照表の利益剰余金が一致しているかどうか

| その他の包括利益累計額の一致チェック | 連結株主資本等変動計算書のその他の包括利益累計額の期末残高（有価証券評価差額金，為替換算調整勘定等）と，連結貸借対照表のその他の包括利益累計額が一致しているかどうか |

② 各金額の妥当性の確認

次に，各金額の妥当性の確認を行います。①は各財務諸表間の金額のつながりの確認でしたが，ここでの確認は，例えば必ずゼロになる金額（子会社株式など）や，親会社単体の金額と一致すべき科目に関する妥当性の確認を行います。

図表2-6-11　各金額の妥当性の確認

チェック項目	チェック内容
ゼロチェック（子会社株式）	連結貸借対照表の子会社株式の金額がゼロになっているかどうか（非連結子会社がある場合には，非連結子会社に対する投資金額だけ残高として残る）
ゼロチェック（評価差額）	連結貸借対照表の評価差額（純資産項目）がゼロになっているかどうか
単体金額との一致チェック（資本金）	連結貸借対照表の資本金が，親会社単体の資本金の金額と一致しているかどうか（連結子会社の資本金は，連結消去・修正仕訳ですべて消去されているかどうか）
単体金額との一致チェック（剰余金の配当）	連結株主資本等変動計算書の剰余金の配当が，親会社単体の剰余金の配当と一致しているかどうか（連結子会社の剰余金の配当は，連結消去・修正仕訳ですべて消去（もしくは非支配株主持分へ振替）されているかどうか）

③ 各金額の理論値との確認

さらに各科目の残高に関して，前述した理論値との確認を行います。理論値と比較して連結精算表の金額が妥当かどうかを確かめるための項目です。理論値の算出方法は，1(5)理論値チェックの箇所を確認してください。

図表2-6-12　各金額の理論値との確認

チェック項目	チェック内容
非支配株主持分の理論値チェック	連結貸借対照表の非支配株主持分が，理論値と一致しているかどうか（資本連結の理論値に，貸倒引当金調整や未実現損益消去などの影響額も加味する必要がある）
利益剰余金の理論値チェック	連結貸借対照表の利益剰余金が，理論値と一致しているかどうか（資本連結の理論値に，貸倒引当金調整や未実現損益消去などの影響額も加味する必要がある）
のれんの理論値チェック	連結貸借対照表ののれんが，理論値と一致しているかどうか
関連会社株式（持分法）の理論値チェック	連結貸借対照表の関連会社株式（持分法）が，理論値と一致しているかどうか

④　単体金額と連結金額との確認

単体金額と連結金額を比較して，異常な増減がないかどうか，連結消去・修正仕訳でマイナスになりすぎていないかどうかなどを確認します。

- ・単体金額よりも連結金額のほうが大きい場合に，仕訳の貸借が逆になっていないかどうか
- ・単体金額と連結金額に大きな金額の増減がある場合，連結消去・修正仕訳内容が説明がつくかどうか
- ・連結金額がマイナス値になっていないかどうか（消去金額が大きすぎる可能性はないかどうか）

(4)　連結精算表比較分析資料の作成

ひととおり連結精算表金額のチェックが終わったら，前期の連結精算表の金額との増減分析資料を作成します。これは，その後の役員会での説明資料の元データとなります。また，比較分析を行うことで，(3)で発見できなかった間違い

等を発見することもできます。

　連結精算表の金額を作成したところで，連結決算作業は終了ではなく，必ず比較分析をして，説明資料を作成するところまでを一連の作業としてください。

　なお，前期比較だけでなく，損益科目の場合には当四半期の推移を作成することで，これもまた誤りの発見に役立ちます。

図表2-6-13　連結精算表前期比較分析資料のサンプル

勘定科目	前期 連結財務諸表	当期 連結財務諸表	増減	増減理由
貸借対照表				
現金及び預金	301,400	299,000	(2,400)	
売掛金	228,000	435,000	207,000	
貸倒引当金	(6,700)	(8,700)	(2,000)	
商品	22,000	19,000	(3,000)	
その他流動資産	200,100	178,000	(22,100)	
子会社株式	0	0	0	
その他固定資産	180,000	120,000	(60,000)	
のれん	20,000	14,000	(6,000)	
資産合計	944,800	1,056,300	111,500	
買掛金	(288,000)	(303,000)	(15,000)	
その他流動負債	(135,000)	(146,000)	(11,000)	
その他固定負債	(99,000)	(84,000)	15,000	
資本金	(150,000)	(150,000)	0	
資本剰余金	(150,000)	(150,000)	0	
利益剰余金	(104,800)	(201,300)	(96,500)	
非支配株主持分	(18,000)	(22,000)	(4,000)	
負債・純資産合計	(944,800)	(1,056,300)	(111,500)	

なお，連結貸借対照表金額の前期は前年度末，連結損益計算書の前期は前年同期の金額を利用します。

　増減理由は，どの会社のどの内容（単体金額か，連結消去・修正仕訳金額か）が，どのような理由で増減したのかを主なものについて記載しておく必要があります。よって，そのためには，そもそも単体金額の各社の増減分析や連結消去・修正仕訳の増減分析をあらかじめ行っておく必要があります。

第3章 連結キャッシュ・フロー計算書作成手続の整備

1 連結キャッシュ・フロー計算書作成の流れ

連結キャッシュ・フロー計算書の作成方法として,「原則法」と「簡便法」という2つの方法があります。

(1) 原則法

原則法とは,親会社および各連結子会社の個別キャッシュ・フロー計算書をまず合算し,グループ間のキャッシュ・フロー内部取引等を消去して作成する方法です。

図表3-1-1 原則法による連結キャッシュ・フロー計算書の作成の流れ

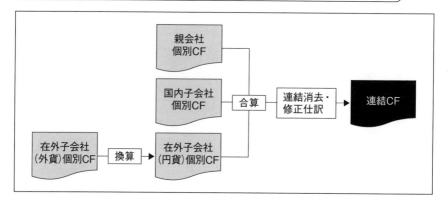

(2) 簡便法

簡便法とは,前期と当期の連結貸借対照表と当期の連結損益計算書に基づき,当期の連結キャッシュ・フロー計算書を作成する方法です。

図表3-1-2　簡便法による連結キャッシュ・フロー計算書の作成の流れ

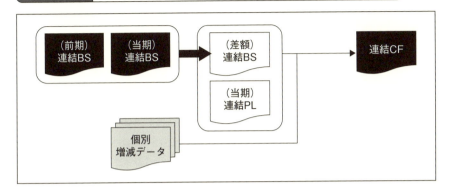

本書では，実務上よく用いられている「簡便法」での作成手順を前提として，実務上の留意点などを解説していきます。

2　連結キャッシュ・フロー計算書を作成するうえで必要となる情報

(1) 総額表示が必要な勘定科目の増減内容別の金額

簡便法は，連結貸借対照表の前期と当期の差額から作成しますが，その内訳は親会社および各連結子会社の金額です。よって，総額表示が必要な勘定科目については，あらかじめ各社から連結キャッシュ・フロー計算書作成上で必要な増減内容を収集しておく必要があります。

総額表示が必要な勘定科目とは，投資活動によるキャッシュ・フロー，財務活動によるキャッシュ・フローの区分に係る勘定科目です。具体的には，長短貸付金・借入金や，有形固定資産などがあります。

図表3−2−1　総額表示が必要な勘定科目

活動区分	勘定科目の分類	増減項目	該当するキャッシュ・フロー項目
投資活動	定期預金（3ヵ月超）	当期の増加（預入れ）	定期預金の預入れによる支出
		当期の減少（払戻し）	定期預金の払戻しによる収入
	固定資産	当期の増加（取得）	有形固定資産の取得による支出 無形固定資産の取得による支出
		当期の減少（売却）	有形固定資産の売却による収入 無形固定資産の売却による収入
		建設仮勘定からの振替による増加 固定資産への振替による減少	B/S科目間の振替なのでキャッシュ・フロー計算書には影響しない
		減価償却による減少	減価償却費（営業活動の区分）
		減損による減少	減損損失（営業活動の区分）
		P/L科目への振替による減少	P/L科目への振替は、非資金損益取引であるため営業活動に表示
		B/S科目との振替による増減	B/S科目間の振替なのでキャッシュ・フロー計算書には影響しない
	有価証券 投資有価証券	当期の増加（取得）	有価証券の取得による支出 投資有価証券の取得による支出
		当期の減少（売却）	有価証券の売却による収入 投資有価証券の売却による収入
		アキュムレーション，アモチゼーションによる増減	利息及び配当金の受取額の調整
		P/L科目への振替による減少	P/L科目への振替は、非資金損益取引であるため営業活動に表示
		B/S科目との振替による増減	B/S科目間の振替なのでキャッシュ・フロー計算書には影響しない
		強制評価減（有価証券評価損を計上）	有価証券評価損 投資有価証券評価損

		期末評価替（その他有価証券評価差額金）	B/S科目間の振替なのでキャッシュ・フロー計算書には影響しない
	短期貸付金	当期の増加（貸付け）	短期貸付けによる支出
		当期の減少（回収）	短期貸付金の返済による収入
		長期貸付金からの振替による増加	B/S科目間の振替なのでキャッシュ・フロー計算書には影響しない
	長期貸付金	当期の増加（貸付け）	長期貸付けによる支出
		当期の減少（回収）	長期貸付金の返済による収入
		短期貸付金への振替による減少	B/S科目間の振替なのでキャッシュ・フロー計算書には影響しない
財務活動	短期借入金	当期の増加（借入れ）	短期借入れによる収入 （純額表示の場合は短期借入金の純増減額）
		当期の減少（返済）	短期借入れの返済による支出 （純額表示の場合は短期借入金の純増減額）
		長期借入金からの振替による増加	B/S科目間の振替なのでキャッシュ・フロー計算書には影響しない
	長期借入金	当期の増加（借入れ）	長期借入れによる収入
		当期の減少（返済）	長期借入れの返済による支出
		短期借入金への振替による減少	B/S科目間の振替なのでキャッシュ・フロー計算書には影響しない
	資本金	当期の増加（増資）	株式発行による収入
		当期の減少（減資）	株式の払戻しによる支出
	自己株式	当期の増加（取得）	自己株式の取得による支出
		当期の減少（売却）	自己株式の売却による収入
	子会社株式（連結の範囲の変更を伴わないもの）	当期の増加（追加取得）	連結の範囲の変更を伴わない子会社株式の取得による支出
		当期の減少（一部売却）	連結の範囲の変更を伴わない子会社株式の売却による収入

(2) キャッシュ・フロー上の取扱いが異なるものの内訳

　主な例としては，未払金勘定の中に含まれている，固定資産購入未払金や有価証券購入未払金の金額，未収入金勘定の中に含まれている，固定資産売却未収入金，有価証券売却未収入金などの金額は，通常の未払金，未収入金とは異なる取扱いとなるため，内訳情報を収集しておく必要があります。

　未払金や未収入金の場合，通常の営業活動で発生するものであれば，前期と当期の差額は営業活動によるキャッシュ・フローの区分に表示します。

　しかしながら，例えば固定資産購入未払金のように，固定資産の取得に係る未払金は，営業活動によるキャッシュ・フローの区分ではなく，投資活動によるキャッシュ・フローの区分の固定資産の取得による支出の金額に加減算する必要があります。このように，通常の未払金科目とは取扱いが異なるため，事前にその内訳を取得しておく必要があるのです。

　なお，キャッシュ・フロー上の取扱いが異なる科目を，あらかじめ貸借対照表上で勘定科目を分けておくという方法もあります。

　あらかじめ勘定科目を分けて個別財務諸表の収集を行うことができるのであれば，その後，キャッシュ・フローの作成のために内訳を収集する必要はなくなります。勘定科目を細分化して各社から個別財務諸表を収集するか，収集後に内訳情報として取得するかについては，各社の状況等を考慮して検討してください。内訳の確認が必要な主な勘定科目とその内容は次のページのとおりです。

図表3-2-2　内訳の確認が必要な主な勘定科目

勘定科目	発生原因	キャッシュ・フロー区分	キャッシュ・フロー項目
未収入金	通常取引	営業活動	その他（金額に重要性がある場合には別掲）
	有形固定資産の売却	投資活動	有形固定資産の売却による収入
	無形固定資産の売却	投資活動	無形固定資産の売却による収入
	有価証券の売却	投資活動	有価証券の売却による収入
	投資有価証券の売却	投資活動	投資有価証券の売却による収入
	受取配当金	営業活動（小計欄の下）または投資活動	利息及び配当金の受取額
未収収益	通常取引	営業活動	その他（金額に重要性がある場合には別掲）
	受取利息	営業活動（小計欄の下）または投資活動	利息及び配当金の受取額
前払費用	通常取引	営業活動	その他（金額に重要性がある場合には別掲）
	支払利息	営業活動（小計欄の下）または財務活動	利息の支払額
未払金 長期未払金	通常取引	営業活動	その他（金額に重要性がある場合には別掲）
	有形固定資産の取得	投資活動	有形固定資産の取得による支出
	無形固定資産の取得	投資活動	無形固定資産の取得による支出
	有価証券の取得	投資活動	有価証券の取得による支出
	投資有価証券の取得	投資活動	投資有価証券の取得による支出
	支払配当金	投資活動	配当金の支払額
	その他	原因別に判断	原因別に判断
未払法人税等	法人税，住民税及び事業税	営業活動（小計欄の下）	法人税等の支払額

	外形標準課税	営業活動	その他
前受収益	通常取引	営業活動	その他（金額に重要性がある場合には別掲）
	受取利息	営業活動（小計欄の下）または投資活動	利息及び配当金の受取額
未払費用	通常取引	営業活動	その他（金額に重要性がある場合には別掲）
	支払利息	営業活動（小計欄の下）または財務活動	利息の支払額

(3) 現金及び現金同等物に含まれる科目の分解

　キャッシュ・フロー計算書上の現金及び現金同等物の定義は以下のとおりです。

図表 3-2-3　現金及び現金同等物の定義

資金の範囲	内容	例	該当する勘定科目
現金	手許現金および要求払預金（預金者が一定の期間を経ることなく引き出すことができる預金）	現金，普通預金，当座預金，通知預金	現金及び預金
現金同等物	容易に換金可能であり，かつ，価値の変動について僅少なリスクしか負わない短期投資（市場性のある株式等は換金が容易であっても，価値変動リスクが僅少とはいえず，現金同等物には含まれない）	取得日から満期日または償還日までの期間が3ヵ月以内の定期預金，譲渡性預金，コマーシャル・ペーパー，売戻し条件付現先および公社債投資信託	現金及び預金有価証券

　貸借対照表において「現金及び預金」の金額として計上されているものが，キャッシュ・フロー計算書の「現金及び現金同等物」であるというわけではあ

りません。また，現金同等物として具体的に何を含めるかについては，各企業の資金管理活動により異なることが予想されるため，経営者の判断に委ねられています。

よって，資金の範囲に含めた現金及び現金同等物の内容に関しては，会計方針として記載するとともに，その期末残高と貸借対照表上の科目別残高との関係について，その調整内容を注記する必要があります。

連結キャッシュ・フロー計算書を作成する際，①各社の現金及び預金に含まれている内容のうち現金及び現金同等物に該当しないもの，および②各社の有価証券に含まれている内容のうち現金及び現金同等物に該当するものを把握するため，各社から以下の情報を収集しておく必要があります。

図表3-2-4 現金及び預金，有価証券の内容把握

勘定科目	内容	キャッシュ・フロー項目
現金及び預金	取得日から満期日または償還日までの期間が3ヵ月超の定期預金	投資活動 ⇒増減情報がさらに必要となる
	取得日から満期日または償還日までの期間が3ヵ月以内の定期預金	現金及び現金同等物
有価証券	コマーシャル・ペーパー，売戻し条件付現先および公社債投資信託	現金及び現金同等物
	株式等	投資活動 ⇒増減情報がさらに必要となる

3 勘定科目とキャッシュ・フロー項目の関連づけ

2において，キャッシュ・フロー計算書を作成するうえでどのような情報が必要となるかを確認したので，ここからは実際に自社でキャッシュ・フロー計算書を作成する場合の手順を見ていきましょう。

(1) 貸借対照表の勘定科目ごとのキャッシュ・フロー区分の検討

まずは、連結貸借対照表で利用している勘定科目を確認し、それぞれどのキャッシュ・フロー区分に表示すべきかを検討します。

図表 3-3-1　貸借対照表の勘定科目ごとのキャッシュ・フロー区分の例

勘定科目	キャッシュ・フロー区分	必要情報
現金及び預金（下記以外）	現金及び現金同等物	期首残高，期末残高
定期預金（3ヵ月超）	投資活動	増減内容
たな卸資産	営業活動	前期と当期の差額
売掛金及び受取手形	営業活動	前期と当期の差額
短期貸付金	投資活動	増減内容
未収入金（下記以外）	営業活動	前期と当期の差額
未収入金（有形固定資産）	投資活動	増減内容
未収入金（無形固定資産）	投資活動	増減内容
未収入金（有価証券）	投資活動	増減内容
未収入金（投資有価証券）	投資活動	増減内容
有価証券	投資活動	増減内容
繰延税金資産（短期・長期）	（なし）	前期と当期の差額
未収収益	営業活動	前期と当期の差額
未収利息	営業活動（小計欄の下）または投資活動	前期と当期の差額
前払費用	営業活動	前期と当期の差額
前払利息	営業活動（小計欄の下）または財務活動	前期と当期の差額
その他流動資産	営業活動※	前期と当期の差額
貸倒引当金	営業活動	前期と当期の差額
有形固定資産	投資活動	増減内容

無形固定資産	投資活動	増減内容
長期貸付金	投資活動	増減内容
投資有価証券	投資活動	増減内容
子会社株式（連結範囲の変更を伴わないもの）	財務活動	増減内容
子会社株式（連結範囲の変更を伴うもの）	投資活動	増減内容
その他投資	投資活動※	増減内容
短期借入金	財務活動	増減内容または前期と当期の差額
未払法人税等	営業活動（小計欄の下）	前期と当期の差額
未払配当金	財務活動	前期と当期の差額
未払金（下記以外）	営業活動	前期と当期の差額
未払金（有形固定資産）	投資活動	前期と当期の差額
未払金（無形固定資産）	投資活動	前期と当期の差額
未払金（有価証券）	投資活動	前期と当期の差額
未払金（投資有価証券）	投資活動	前期と当期の差額
繰延税金負債（短期・長期）	（なし）	前期と当期の差額
未払費用	営業活動	前期と当期の差額
未払利息	営業活動（小計欄の下）または財務活動	前期と当期の差額
前受収益	営業活動	前期と当期の差額
前受利息	営業活動（小計欄の下）または投資活動	前期と当期の差額
負債性引当金（短期）	営業活動（非資金損益項目）	前期と当期の差額
その他流動負債	営業活動※	前期と当期の差額
長期借入金	財務活動	増減内容
長期未払金（下記以外）	営業活動	前期と当期の差額
長期未払金（有形固定資産）	投資活動	前期と当期の差額
長期未払金（無形固定資産）	投資活動	前期と当期の差額

長期未払金（有価証券）	投資活動	前期と当期の差額
長期未払金（投資有価証券）	投資活動	前期と当期の差額
負債性引当金（長期）	営業活動（非資金損益項目）	前期と当期の差額
その他固定負債	営業活動※	前期と当期の差額
資本金	財務活動	増減内容
資本剰余金	財務活動	増減内容
利益剰余金	営業活動 財務活動	増減内容
自己株式	財務活動	増減内容
その他有価証券評価差額金	（なし）	前期と当期の差額
繰延ヘッジ損益	（なし）	前期と当期の差額
退職給付に係る調整累計額	（なし）	前期と当期の差額

※ その他項目に関しては，内容によってどの区分に表示すべきかが異なりますので，あらかじめ内容の確認が必要です。

図表3-3-1のとおり，キャッシュ・フロー区分が営業活動の場合は，増減内容は必要なく，前期と当期の差額データのみが必要となります。ただし，1つの勘定科目を複数のキャッシュ・フロー区分に分解する必要がある場合（**2**(2)を参照）には，勘定科目を分けるのか，内訳としてデータを収集するのかを検討します。

また，投資活動，財務活動の場合は，増減内容ごとにキャッシュ・フロー計算書の表示が変わるため，以下の(2)に従って，どのような増減内容を収集するかを検討します。

(2) 投資活動，財務活動に関する勘定科目の増減内容の検討

① 投資活動に関する勘定科目の増減内容の検討

投資活動に関する勘定科目についての基本的な考え方は以下のとおりです。

図表3-3-2　投資活動に関する勘定科目の考え方

増減項目	取得内容
当期増加	取得により増加した金額（取得原価）
当期減少	売却により減少した金額（売却簿価）
P/L科目への振替による増減	他のP/L項目へ振り替えたことで増減した金額 例：減損損失，減価償却費，評価損，除却損など 主なものについては，内容別に収集するか否かを検討する
B/S科目との振替による増減	他のB/S項目との振替によって増減した金額 例：建設仮勘定と固定資産の振替，貸付金の長短振替
為替による増減	決済差損益，期末換算差損益

　各勘定科目の増減項目例は，2(1)に記載していますので参考にしてください。
　3(1)で洗い出した勘定科目のうち，投資活動の区分に表示するものについて，上記の考え方に基づいて具体的にどのような増減項目で各社からデータを収集するのかを検討します。
　なお，連結キャッシュ・フロー計算書において，グループ内のキャッシュ・フロー内部取引高は消去します。よって，ここで収集する勘定科目について内部取引が存在する場合には，内部向けの増減か外部向けの増減かを区別して収集するか，外部向けの増減のみを収集する必要があります。

図表3-3-3　勘定科目増減明細（貸付け）のサンプルフォーマット

勘定科目		内部/外部	期首残高	当期増加		当期減少		期末残高	
				発生	長期から振替	返済	短期へ振替		
100700	短期貸付金	内部							
100700	短期貸付金	外部							→連結CFへ
130400	長期貸付金	内部							
130400	長期貸付金	外部							→連結CFへ

② 財務活動に関する勘定科目の増減内容の検討

財務活動に関する勘定科目についての，基本的な考え方は以下のとおりです。

図表3-3-4　財務活動に関する勘定科目の考え方

増減項目	取得内容
当期増加	調達により増加した金額
当期減少	返済により減少した金額
P/L科目への振替による増減	他のP/L項目へ振り替えたことで増減した金額 例：債務免除益など 主なものについては，内容別に収集するか否かを検討する
B/S科目との振替による増減	他のB/S項目との振替によって増減した金額 例：借入金の長短振替
為替による増減	決済差損益，期末換算差損益

投資活動の勘定科目と同様に，各勘定科目の増減項目例は，**2**(1)に記載していますので参考にしてください。

3(1)で洗い出した勘定科目のうち，財務活動の区分に表示するものについて，上記の考え方に基づいて具体的にどのような増減項目で各社からデータを収集するのかを検討します。

なお，連結キャッシュ・フロー計算書において，グループ内のキャッシュ・フロー内部取引高は消去します。よって，ここで収集する勘定科目について内部取引が存在する場合には，内部向けの増減か外部向けの増減かを区別して収集するか，外部向けの増減のみを収集する必要があります。

4　キャッシュ・フロー項目の洗い出し

自社で利用する勘定科目と，その増減項目の取得内容を整理したら，次に自社で必要となるキャッシュ・フロー項目を検討します。

そのキャッシュ・フロー項目に集計する金額をどの勘定科目のどのデータをもとに作成するかを整理します。

図表3-4-1　キャッシュ・フロー項目の例

区分	キャッシュ・フロー項目	取得元の科目分類	取得元の勘定科目
営業活動	税金等調整前当期純利益	P/L	税金等調整前当期純利益
	減価償却費	B/S	固定資産（B/S）の償却による減少
	のれん償却額	B/S	のれん（B/S）の償却による減少
	有形固定資産除却損	B/SおよびP/L	有形固定資産（B/S）の除却による減少 キャッシュアウト部分はP/Lより取得
	貸倒引当金の増加額	B/S	貸倒引当金（B/S）の増減
	退職給付に係る負債の増加額	B/S	退職給付に係る負債（B/S）の増減 退職給付に係る調整累計額（B/S）の増減 退職給付に係る調整累計額に関連する繰延税金資産負債（B/S）の増減
	受取利息及び受取配当金	P/L	受取利息（P/L） 受取配当金（P/L）
	支払利息	P/L	支払利息（P/L） 社債利息（P/L）
	為替差損	B/S	投資活動，財務活動の区分の勘定科目の為替による増減 現金及び現金同等物の期末の換算差額
	売上債権の増加額	B/S	受取手形および売掛金（B/S）の増減
	たな卸資産の減少額	B/S	たな卸資産（B/S）の増減
	仕入債務の減少額	B/S	支払手形および買掛金（B/S）の増減
	未払消費税等の増加額	B/S	未払消費税（B/S）の増減 未収消費税（B/S）の増減
	その他	B/S	その他の営業活動に関する勘定科目（B/S）の増減

営業活動 (小計欄 の下)	利息及び配当金の受取額	B/S およびP/L	受取利息（P/L） 受取配当金（P/L） 未収利益（B/S）の増減 前受利息（B/S）の増減 有価証券（B/S）のアキュムレーション・アモチゼーションによる増減
	利息の支払額	B/S およびP/L	支払利息（P/L） 社債利息（P/L） 未払利息（B/S）の増減 前払利息（B/S）の増減
	法人税等の支払額	B/S およびP/L	未払法人税等（B/S）の増減（ただし、外形標準課税分を除く） 法人税，住民税及び事業税（P/L）
投資活動	定期預金の預入れによる支出	B/S	定期預金（3ヵ月超）（B/S）の当期増加
	定期預金の払戻しによる収入	B/S	定期預金（3ヵ月超）（B/S）の当期減少
	有価証券の取得による支出	B/S	有価証券（B/S）の当期増加 未払金（有価証券）（B/S）の増減
	有形固定資産の取得による支出	B/S	有形固定資産（B/S）の当期増加 未払金（有形固定資産）（B/S）の増減 リース債務（B/S）の増加
	有形固定資産の売却による収入	B/S およびP/L	有形固定資産（B/S）の当期減少 未収入金（有形固定資産）（B/S）の増減
財務活動	短期借入金の純増減額	B/S	短期借入金（B/S）の増減
	リース債務の返済による支出	B/S	リース債務（B/S）の当期減少
	長期借入れによる収入	B/S	長期借入金（B/S）の当期増加
	長期借入金の返済による支出	B/S	長期借入金（B/S）の当期減少
	社債の発行による収入	B/S	社債（B/S）の当期増加

第3章 連結キャッシュ・フロー計算書作成手続の整備　149

	株式の発行による収入	B/S	資本金（B/S）の当期増加 資本剰余金（B/S）の当期増加
	配当金の支払額	B/S	支払配当金（利益剰余金の減少） 未払配当金（B/S）の増減
現金及び現金同等物に係る換算差額		B/S	外貨建現金及び現金同等物（B/S）の換算差額 在外子会社の現金及び現金同等物（B/S）の換算差額

5　連結キャッシュ・フロー精算表の作成

(1) 連結キャッシュ・フロー精算表の作成手順

 4 で整理した内容に基づいて，連結キャッシュ・フロー精算表を作成します。連結キャッシュ・フロー精算表のひな型は次頁図表3-5-1を参照してください。

 連結キャッシュ・フロー精算表の作成は以下の手順で行います。

---

① 連結貸借対照表金額（当期，前期）の記入
② ①の差額の計算
③ 列項目の内容ごとに勘定科目の増減額をキャッシュ・フロー項目に転記
④ 各勘定科目の増減額がすべてキャッシュ・フロー項目に転記されたことを確認（ゼロチェック）

図表3-5-1 連結キャッシュ・フロー精算表

勘定科目	前期連結B/S①	当期連結B/S②	差額③=②-①	税金等調整前当期純利益	減価償却費	貸倒引当金増減額	利息
連結貸借対照表							
現金及び預金	5,400	7,870	2,470				
売掛金	4,200	5,040	840				
貸倒引当金	(90)	(130)	(40)			40	
未収利息	400	500	100				(100)
固定資産売却未収入金(有形)	400	600	200				
商品	2,460	3,070	610				
有形固定資産	12,000	10,000	(2,000)		2,000		
のれん	3,300	3,000	(300)		300		
長期貸付金	1,000	1,200	200				
買掛金	(3,620)	(2,850)	770				
前受利息	(100)	(300)	(200)				200
未払法人税等	(400)	(500)	(100)				
固定資産購入未払金(有形)	(400)	(500)	(100)				
固定資産購入支払手形(有形)	(300)	(400)	(100)				
その他流動負債	(7,000)	(7,250)	(250)				
長期借入金	(2,200)	(3,200)	(1,000)				
資本金	(5,000)	(5,000)	0				
資本剰余金	(5,000)	(5,000)	0				
利益剰余金	(4,250)	(5,250)	(1,000)	2,100			
非支配株主持分	(800)	(900)	(100)				
合計	0	0	0	2,100	2,300	40	100

第3章 連結キャッシュ・フロー計算書作成手続の整備

その他債権債務の増減額	固定資産の取得	固定資産の売却	貸付金	借入金	非支配株主損益	法人税等	現金及び預金の振替	連結キャッシュ・フロー計算書
							(2,470)	0
(840)								0
								0
								0
		(200)						0
(610)								0
	(10,000)	10,000						0
								0
			(200)					0
(770)								0
								0
						100		0
	100							0
	100							0
250								0
				1,000				0
								0
								0
					(100)	(1,000)		0
					100			0
(1,970)	(9,800)	9,800	(200)	1,000	0	(900)	(2,470)	0

152

勘定科目	前期連結B/S①	当期連結B/S②	差額③=②-①	税金等調整前当期純利益	減価償却費	貸倒引当金増減額	利息
連結キャッシュ・フロー計算書							
税金等調整前当期純利益				2,100			
減価償却費					2,300		
貸倒引当金の増減額						40	
支払利息							800
受取利息							(1,000)
売上債権の増減額							
たな卸資産の増減額							
仕入債務の増減額							
その他流動負債の増減額							
固定資産売却損益							
為替差損益							
小計				2,100	2,300	40	(200)
利息の支払額							(800)
利息及び配当金の受取額							1,100
法人税等の支払額							
営業活動によるキャッシュ・フロー				2,100	2,300	40	100
有形固定資産の取得による支出							
有形固定資産の売却による収入							
新規連結子会社取得による収入							
貸付による支出							
貸付の返済による収入							
投資活動によるキャッシュ・フロー				0	0	0	0
借入による収入							
借入の返済による支出							
財務活動によるキャッシュ・フロー				0	0	0	0
現金及び現金同等物の増減額				2,100	2,300	40	100
現金及び現金同等物の期首残高							
現金及び現金同等物の期末残高				2,100	2,300	40	100
チェック				0	0	0	0

第3章 連結キャッシュ・フロー計算書作成手続の整備

その他債権債務の増減額	固定資産の取得	固定資産の売却	貸付金	借入金	非支配株主損益	法人税等	現金及び預金の振替	連結キャッシュ・フロー計算書
								2,100
								2,300
								40
								800
								(1,000)
(840)								(840)
(610)								(610)
(770)								(770)
250								250
		(500)						(500)
								0
(1,970)	0	(500)	0	0	0	0	0	1,770
								(800)
								1,100
						(900)		(900)
(1,970)	0	(500)	0	0	0	(900)	0	1,170
	(9,800)							(9,800)
		10,300						10,300
								0
			(1,700)					(1,700)
			1,500					1,500
0	(9,800)	10,300	(200)	0	0	0	0	300
				2,500				2,500
				(1,500)				(1,500)
0	0	0	0	1,000	0	0	0	1,000
(1,970)	(9,800)	9,800	(200)	1,000	0	(900)	0	2,470
							5,400	5,400
(1,970)	(9,800)	9,800	(200)	1,000	0	(900)	5,400	7,870
0	0	0	0	0	0	0		

(2) 連結キャッシュ・フロー精算表数値の確認

① 連結キャッシュ・フロー精算表数値の確認ポイント

連結キャッシュ・フロー精算表が完成したら，次のチェック内容に基づいて，キャッシュ・フロー項目ごとに金額の妥当性を確認します。

図表3-5-2　連結キャッシュ・フロー精算表のチェックポイント

チェック対象の キャッシュ・フロー項目		チェック内容
税金等調整前当期純利益		連結損益計算書の金額と一致しているか
非資金損益項目	減価償却費，減損損失，有価証券評価損など	連結損益計算書の金額と一致しているか
	引当金の増減	連結貸借対照表の前期と当期の差額と一致しているか（ただし，在外子会社が存在する場合には為替の影響額を加味）
投資活動および財務活動の区分に含まれるキャッシュ・フローに関連して発生した損益項目	固定資産売却損益 有価証券売却損益 など	連結損益計算書の金額と一致しているか
営業活動に係る資産および負債の増減	売上債権の増減額 仕入債務の増減額 未払消費税等の増減額等	連結貸借対照表の前期と当期の差額と一致しているか（ただし，在外子会社が存在する場合には為替の影響額を加味）
法人税等の支払額		連結損益計算書の金額に，連結貸借対照表の前期と当期の差額（ただし，在外子会社が存在する場合には為替の影響額を加味）を調整した金額と一致しているか
利息及び配当金の受取額		連結損益計算書の金額に，連結貸借対照表の前期と当期の差額（ただし，在外子会社が存在する場合

	には為替の影響額を加味）を調整した金額と一致しているか
利息の支払額	連結損益計算書の金額に，連結貸借対照表の前期と当期の差額（ただし，在外子会社が存在する場合には為替の影響額を加味）を調整した金額と一致しているか
投資活動によるキャッシュ・フロー	確認シートでの確認
財務活動によるキャッシュ・フロー	確認シートでの確認

② 連結損益計算書との整合性の確認

　連結キャッシュ・フロー計算書の金額と連結損益計算書の金額との整合性を確認します。連結キャッシュ・フロー計算書の営業活動によるキャッシュ・フローの区分において，非資金損益項目や投資活動によるキャッシュ・フローおよび財務活動によるキャッシュ・フローに含まれるキャッシュ・フローに関連して発生した損益項目については，連結損益計算書の数値と一致している必要があります。

　なお，連結キャッシュ・フロー項目に漏れがないかどうかについては，連結損益計算書に計上されている各損益項目（販売費及び一般管理費，営業外費用，営業外収益，特別利益，特別損失）の内容を確認し，非資金損益または投資活動，財務活動に係る損益項目かどうか，それに該当する場合に，連結キャッシュ・フロー計算書の営業活動によるキャッシュ・フローの区分に表示しているかどうかを確認します。

③ 連結貸借対照表の前期と当期の差額との整合性の確認

　非資金損益項目のうち，貸倒引当金の増減額や賞与引当金の増減額など，連結損益計算書の項目からではなく連結貸借対照表の前期と当期の差額で調整しているキャッシュ・フロー項目については，連結貸借対照表の数値との整合性を確認します。また，営業活動によるキャッシュ・フローの区分に表示する資

産および負債の増減についても，同様に連結貸借対照表の数値との整合性を確認します。

なお，連結貸借対照表の数値との整合性の確認を行う場合，在外子会社が存在する場合には，単に連結貸借対照表の前期と当期の差額だけでなく，在外子会社の換算差額も考慮する必要があります。在外子会社が存在する場合の連結キャッシュ・フローの作成の留意点については，第6章 6 で詳しく説明していますのでそちらを参照してください。

④ 連結損益計算書および連結貸借対照表の前期と当期の差額を調整した金額との整合性の確認

営業活動によるキャッシュ・フローの区分において，小計欄の下に表示される「法人税等の支払額」，「利息及び配当金の受取額」，「利息の支払額」は，すべて総額表示となっているため，連結損益計算書の関連する勘定科目の金額に，連結貸借対照表の関連する勘定科目の前期と当期の増減（在外子会社が存在する場合には為替の影響額を加味）を調整した金額との一致を確認します。

例えば，法人税等の支払額を見てみましょう。

図表3-5-3　法人税等の支払額の整合性

	勘定科目	前期①	当期②	差額 ②－①
連結損益計算書	法人税，住民税及び事業税		1,000	1,000
連結貸借対照表	未払法人税等（ただし，外形標準課税分は除く）	(400)	(500)	(100)
連結キャッシュ・フロー計算書	法人税等の支払額			(900)

※　貸方および支出金額はカッコを付けて示している

連結損益計算書に法人税，住民税及び事業税が計上されていたとしても，当期の未払法人税等が増加していれば，キャッシュは出ていったわけではありま

せん。よって,「法人税等の支払額」は,連結損益計算書の法人税,住民税及び事業税に連結貸借対照表の未払法人税等(ただし,外形標準課税分を除いた金額)の増加額を控除した金額となるのです。なお,未払法人税等のうち,外形標準課税に係る金額は,営業活動によるキャッシュ・フローの区分で調整します。

では,利息及び配当金の受取額も見てみましょう。

図表3-5-4　利息及び配当金の受取額の整合性

	勘定科目	前期①	当期②	差額②-①
連結損益計算書	受取利息		(1,000)	(1,000)
連結貸借対照表	未収利息	400	500	100
連結貸借対照表	前受利息	(100)	(300)	(200)
連結キャッシュ・フロー計算書	利息及び配当金の受取額			1,100

※　貸方および支出金額はカッコを付けて示している

　利息及び配当金の受取額も前述の法人税等の支払額と同様に考えます。連結損益計算書に受取利息が計上されていたとしても,当期の未収利息が増加していれば,キャッシュは入ってきたわけではありません。よって,受取利息から当期の未収利息の増加分を控除した金額が「利息及び配当金の受取額」となります。逆に,当期の前受利息が増加していれば,その分,キャッシュは増えているため,「利息及び配当金の受取額」に加算します。結果として,上記の表のように,連結損益計算書の受取利息の金額に,連結貸借対照表の未収利益の増減額と前受利息の増減額を加減算したものが,連結キャッシュ・フロー計算書の「利息及び配当金の受取額」となります。

⑤　確認シートでの確認

　投資活動によるキャッシュ・フローおよび財務活動によるキャッシュ・フ

ローの区分に含まれるキャッシュ・フローについては，原則として総額表示（増加と減少を分けて表示）となっているため，単純に連結貸借対照表の差額ではなく，各社から集めた増減明細の合計とそれに連結仕訳を加味した確認シートを作成して金額の妥当性を確認します。

例えば，投資活動によるキャッシュ・フローの区分に表示される有形固定資産関連の連結キャッシュ・フロー項目の金額チェックは以下のように行います。

図表3-5-5　連結増減明細（有形固定資産）

	期首残高	当期増加	当期減少	減価償却	期末残高
親会社	×××	×××	×××	×××	×××
A社	×××	×××	×××	×××	×××
B社	×××	×××	×××	×××	×××
:	:	:	:	:	:
合算	×××	×××	×××	×××	×××
連結仕訳		△×××	△×××	△×××	
連結財務諸表	×××	a×××	b×××	c×××	×××

（参考）
a：有形固定資産の取得による支出の確認

	勘定科目またはキャッシュ・フロー項目	前期①	当期②	差額②－①
連結増減明細（当期増加額）	有形固定資産		10,000	10,000
連結貸借対照表	固定資産購入未払金（有形）	(400)	(500)	(100)
連結貸借対照表	固定資産購入支払手形（有形）	(300)	(400)	(100)
連結キャッシュ・フロー計算書	有形固定資産の取得による支出			(9,800)

※　貸方および支出金額はカッコを付けて示している

第3章　連結キャッシュ・フロー計算書作成手続の整備　159

b：有形固定資産の売却による収入の確認

	勘定科目または キャッシュ・フロー項目	前期①	当期②	差額 ②－①
連結増減明細（当期減少額）	有形固定資産		(10,000)	(10,000)
連結貸借対照表	固定資産売却未収入金（有形）	400	600	200
連結損益計算書	固定資産売却益（有形）		(500)	(500)
連結キャッシュ・フロー計算書	有形固定資産の売却による収入			10,300

※　貸方および支出金額はカッコを付けて示している

c：減価償却費の確認

	勘定科目または キャッシュ・フロー項目	前期①	当期②	差額 ②－①
連結増減明細（減価償却費）	有形固定資産		(2,000)	(2,000)
連結増減明細（減価償却費）	無形固定資産		(300)	(300)
連結キャッシュ・フロー計算書	減価償却費			2,300

※　貸方および支出金額はカッコを付けて示している

第4章 セグメント情報等の作成手続の整備

1 セグメント情報作成の流れ

(1) セグメント情報とは

　セグメント情報とは，財務諸表利用者が，企業の過去の業績を理解し，将来のキャッシュ・フローの予測を適切に評価できるように，企業が行うさまざまな事業活動の内容およびこれを行う経営環境に関して適切な情報を提供するものです。

　セグメント情報を作成するうえでは，まず，どのようなセグメントで開示をするかを決定する必要があります。

　開示するセグメント項目のことを「報告セグメント」といいます。どの事業セグメントを報告セグメントとするかを決定し，その報告セグメントに基づいて連結財務諸表の金額を分類して集計する必要があります。

図表4-1-1　セグメント情報のひな型

	事業1	事業2	事業3	合計	調整額	連結
売上高						
外部顧客に対する売上高	19,900	10,700	4,700	35,300	－	35,300
セグメント間の内部売上高又は振替高	－	－	300	300	△300	－
計	19,900	10,700	5,000	35,600	△300	35,300
セグメント利益又は損失（△）	6,259	3,983	1,200	11,442	△13	11,429
セグメント資産	25,940	13,989	6,000	45,929	△148	45,781

(2) セグメント情報作成の流れ

連結財務諸表の注記情報としてのセグメント情報を作成する場合，作成方法としては以下の2つがあります。

① 連結財務諸表と同様に，仕訳を積み上げて作成する方法
② 連結財務諸表をセグメントに分解する方法

① 連結財務諸表と同様に，仕訳を積み上げて作成する方法

各社の個別財務諸表の金額および個別修正仕訳の金額を報告セグメント別に分解して合算し，その後，連結消去仕訳の金額を同一報告セグメント内での消去金額（セグメント内消去金額）か異なるセグメント間での消去金額（セグメント間消去金額）かを分類して，集計して作成する方法です。

図表 4-1-2　連結財務諸表と同様に，仕訳を積み上げて作成する方法

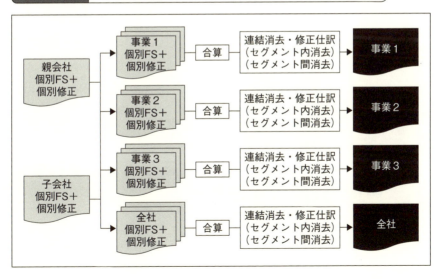

② 連結財務諸表をセグメントに分解する方法

各社の個別財務諸表を合算して連結消去・修正仕訳を行って作成された連結精算表の金額を，会社および報告セグメント別に分解し，これにセグメント間消去金額を反映させて作成する方法です。

図表 4 - 1 - 3　連結財務諸表をセグメントに分解する方法

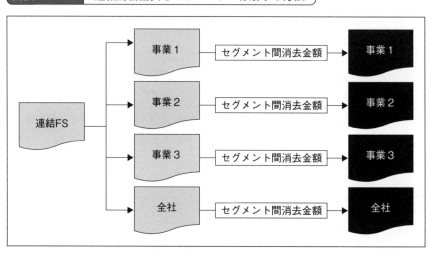

どちらの方法でも作成されるセグメント情報は理論的には同様のものとなります。また，セグメント情報を作成するうえで，必要となる情報はどちらの作成方法をとったとしても同様です。

2　セグメント情報を作成するうえで必要となる情報

セグメント情報を作成するうえで，必要となる情報は以下のとおりです。

(1) 個別財務諸表の報告セグメント別の情報

(2) 連結消去・修正仕訳の報告セグメント別の情報

(1) 個別財務諸表の報告セグメント別の分解

まず,連結企業集団に含まれる各会社の報告セグメント別の情報が必要となります。各社がどの報告セグメントに属するのかを整理し,単一の報告セグメントのみに属するのか(単一セグメント会社),複数の報告セグメントに属するのか(複数セグメント会社)を分類します。また,どの報告セグメントにも配分されない費用(親会社の管理部門で発生した費用など)や,どの報告セグメントにも属さない資産(親会社の管理部門で保有している資産など)は,全社セグメントとして分類します。

図表4-2-1　報告セグメントの分類イメージ

	事業1	事業2	事業3	全社	区分
親会社	○	○	○	○	複数セグメント会社
A社	○				単一セグメント会社
B社		○			単一セグメント会社
C社	○	○			複数セグメント会社

単一セグメント会社の場合,個別財務諸表はその会社の属する報告セグメントの金額として集計します。よって,セグメント情報のために追加で取得する情報はありません。

複数セグメント会社の場合,個別財務諸表の金額をそれぞれの報告セグメントに分解した金額を取得する必要があります。よって,個別財務諸表の金額のうちセグメント情報に関連する勘定科目について,報告セグメント別の金額を別途収集する必要があります。開示情報としてのセグメント情報を作成することだけを目的とするならば,セグメント別の情報が必要となるのは,資産項目

(年次決算のみ）とセグメント利益までの損益項目です。

例えば，セグメント利益を営業利益としている場合，営業利益までの個別財務諸表の金額を，報告セグメント別に分けた数値を収集することになります。

図表4-2-2　個別財務諸表のセグメント別情報（収集画面イメージ）

	事業1	事業2	事業3	全社	合計	個別FS	一致チェック
（資産）							
現金							
売掛金							
その他資産							
：							
（セグメント利益）							
売上高							
売上原価							
販売費及び一般管理費							

(2) 連結消去・修正仕訳の報告セグメント別の分類

次に，連結消去・修正仕訳について，報告セグメント別の情報が必要となります。連結消去・修正仕訳の場合，会社のセグメントのみならず，その金額がセグメント内消去金額なのか，セグメント間消去金額なのかを分類して整理する必要があります。

連結消去・修正仕訳を積み上げてセグメント情報を作成する場合，連結消去・修正仕訳の各仕訳，各勘定科目が，どの報告セグメントに属する項目かがわかるように集計する必要があり，また，連結消去仕訳の場合には，セグメント内での消去金額かセグメント間の消去金額かがわかるような情報が必要となります。

よって，あらかじめ各社から収集する情報について，セグメント情報作成に

おいて必要な情報も合わせて収集しておく必要があります。

図表4-2-3　セグメント情報作成で必要な情報

仕訳の種類	必要となる情報		セグメント情報での取扱い
個別修正仕訳	会社別セグメント別		各報告セグメントの金額として集計
内部取引消去仕訳 未実現損益消去仕訳 貸倒引当金調整仕訳 その他連結消去仕訳	会社別セグメント別	セグメント内消去金額	各報告セグメントの金額から消去
		セグメント間消去金額	各報告セグメントの金額からは消去せず，「調整額」の列で消去

①　個別修正仕訳の報告セグメント別金額

　個別修正仕訳は，個別財務表の修正という位置づけであるため，その会社の報告セグメントに属します。

　よって，単一セグメント会社の場合には，どの報告セグメントに属するかは明確であるため，追加的に情報を集める必要はありません。複数セグメント会社の場合には，当該個別修正仕訳で計上される勘定科目が，セグメント情報作成に必要な勘定科目（資産項目またはセグメント利益を構成する損益項目）の場合，どの報告セグメントに属するものかをわかるようにしておく必要があります。

②　内部取引消去仕訳，未実現損益消去仕訳，貸倒引当金調整仕訳の報告セグメント別金額

　内部取引消去仕訳（債権債務の消去，損益取引の消去）は，自社の報告セグメントだけでなく，その消去仕訳が，ある報告セグメント内での消去仕訳（セグメント内消去金額）なのか，他の報告セグメントにまたがる仕訳（セグメント間消去金額）なのかを整理しておく必要があります。まずは，グループ全体の商流を整理したうえで，どこの取引でセグメント間取引が生じる可能性があるのかを確認しておきます。

図表4-2-4　セグメント間取引のイメージ

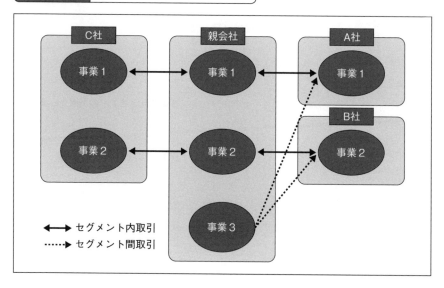

　上記の例では，A社とB社は単一セグメント会社であり，親会社およびC社は複数セグメント会社という分類となっています。また，前提として，この例では親会社からA社およびB社に事業3から販売している取引はセグメント間取引であり，それ以外はすべてセグメント内取引となっています。
　よって，この例において，各社のセグメント内，セグメント間取引の組み合わせは以下のようになります。

第4章 セグメント情報等の作成手続の整備

図表4-2-5 セグメント内, セグメント間取引の組み合わせ

購入側	売却側	親会社 事業1	親会社 事業2	親会社 事業3	A社 事業1	B社 事業2	C社 事業1	C社 事業2
親会社	事業1				○	—	○	—
	事業2				—	○	—	○
	事業3							
A社	事業1	○	—	●				
B社	事業2	—	○	●				
C社	事業1	○	—	—				
	事業2	—	○	—				

※ ○：セグメント内取引, ●：セグメント間取引

この例に基づいてセグメント情報を作成するためには，各連結消去仕訳について以下のように分類して集計する必要があるということになります。

図表4-2-6 セグメント内, セグメント間取引の整理

仕訳の種類	会社	相手会社	自社セグメント	相手セグメント	セグメント情報での取扱い
内部取引消去仕訳（売上高，資産）	親会社	A社	事業1	—	セグメント内消去金額
			事業3	—	セグメント間消去金額
		B社	事業2	—	セグメント内消去金額
			事業3	—	セグメント間消去金額
		C社	事業1	—	セグメント内消去金額
			事業2	—	セグメント内消去金額
	A社	親会社	事業1	—	セグメント内消去金額
	B社	親会社	事業2	—	セグメント内消去金額
	C社	親会社	事業1	—	セグメント内消去金額
			事業2	—	セグメント内消去金額

未実現損益仕訳（在庫金額）	親会社	A社	事業1	－	セグメント内消去金額
		B社	事業2	－	セグメント内消去金額
		C社	事業1	－	セグメント内消去金額
			事業2	－	セグメント内消去金額
	A社	親会社	事業1	事業1	セグメント内消去金額
				事業3	セグメント間消去金額
	B社	親会社	事業2	事業2	セグメント内消去金額
				事業3	セグメント間消去金額
	C社	親会社	事業1	－	セグメント内消去金額
			事業2	－	セグメント内消去金額
貸倒引当金調整仕訳（貸倒引当金，貸倒引当金繰入）	親会社	A社	事業1	－	セグメント内消去金額
			事業3	－	セグメント間消去金額
		B社	事業2	－	セグメント内消去金額
			事業3	－	セグメント間消去金額
		C社	事業1	－	セグメント内消去金額
			事業2	－	セグメント内消去金額
	A社	親会社	事業1	－	セグメント内消去金額
	B社	親会社	事業2	－	セグメント内消去金額
	C社	親会社	事業1	－	セグメント内消去金額
			事業2	－	セグメント内消去金額
その他連結消去仕訳	各社	必要に応じて	各セグメント	必要に応じて	セグメント内消去金額であれば，自社および自社セグメントだけ把握すればよく，セグメント間消去金額であれば，相手が何の事業かという情報も必要になります

第4章 セグメント情報等の作成手続の整備　171

　図表4-2-4の例に基づいて上記は整理しましたが，単一セグメント会社と複数セグメント会社という分類で整理した場合，必要な情報は以下のようになります。

図表4-2-7　単一セグメント，複数セグメントで整理した場合の必要となる情報

売却側（収益，資産）	購入側（費用）	セグメント分類	必要となる情報			
			会社	相手会社	自社セグメント	相手セグメント
単一セグメント会社	単一セグメント会社	セグメント内消去金額	○	○	−	−
		セグメント間消去金額	○	○	−	−
	複数セグメント会社	セグメント内消去金額	○	○	−	○
		セグメント間消去金額	○	○	−	○
複数セグメント会社	単一セグメント会社	セグメント内消去金額	○	○	○	−
		セグメント間消去金額	○	○	○	−
	複数セグメント会社	セグメント内消去金額	○	○	○	○
		セグメント間消去金額	○	○	○	○

　複数セグメントの会社のデータに関しては，自社のセグメント情報が必要となります。また，相手会社が複数セグメントの会社である場合であって，相手セグメントを特定できない場合には，相手セグメントの情報も必要となります。なお，売却側が単一セグメントの会社であり，購入側が複数セグメントの会社であったとしても，商流を整理した際にすべてが同一セグメント内の取引消去にしかならないような商流であった場合には，相手セグメントの情報は必要な

く，自社セグメントのみ正しく把握できればセグメント情報は作成することができます。

このように，必ず相手セグメントがわからないとセグメント情報を作成できないかというとそういうわけではありません。最初の商流の整理の段階でグループ全体の取引の流れを把握しておくことにより，どういう場合にどういう情報が必要かを整理することができます。

図表4-2-8　すべてがセグメント内消去仕訳となるような組織構造の例

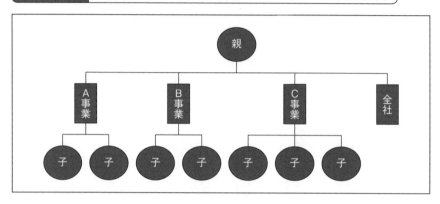

3　セグメント情報の作成

各社から収集したデータおよび連結消去・修正仕訳金額のデータをセグメント別に分類して集計し，セグメント情報を作成します。

簡単な数値例を使って集計手順を確認しておきましょう。

設例4-3-1　セグメント情報の作成

　以下の前提条件に基づいて，当期のセグメント情報を作成しなさい。なお，当社は営業利益までをセグメント利益としている。

（前提条件）
- グループ会社間の商流は，【図表4-2-4】に記載されているとおりである。
- 当期の連結精算表作成に関する情報は以下のとおりである。

1. 連結精算表

勘定科目	親会社	A社	B社	C社	単純合算	個別修正仕訳	連結消去仕訳 内部取引消去	連結消去仕訳 未実現損益消去	連結消去仕訳 貸倒引当金調整	連結財務諸表
売上高	23,000	7,700	3,000	8,000	41,700	1,500	△7,900			35,300
売上原価	13,200	4,500	1,500	5,300	24,500	1,200	△7,900	170		17,970
販売費及び一般管理費	2,700	1,200	800	1,200	5,900				1	5,901
営業利益	7,100	2,000	700	1,500	11,300	300	0	△170	△1	11,429
資産	26,000	8,000	5,500	9,000	48,500	300	△2,050	△1,210	41	45,581

2. 個別財務諸表の金額（単純合算金額の内訳）

勘定科目	親会社 事業1	親会社 事業2	親会社 事業3	全社	合計	A社 事業1	B社 事業2	C社 事業1	C社 事業2	合計	単純合算
売上高	10,000	8,000	5,000	—	23,000	7,700	3,000	5,000	3,000	8,000	41,700
売上原価	6,000	4,200	3,000	—	13,200	4,500	1,500	3,100	2,200	5,300	24,500
販売費及び一般管理費	1,000	900	800		2,700	1,200	800	700	500	1,200	5,900
営業利益	3,000	2,900	1,200		7,100	2,000	700	1,200	300	1,500	11,300
資産	12,000	7,000	6,000	1,000	26,000	8,000	5,500	6,500	2,500	9,000	48,500

3．個別修正仕訳の内訳
① A社の個別修正仕訳

売　掛　金	1,000 / 売　　　上	1,000
売　上　原　価	800 / 商　　　品	800

② C社の個別修正仕訳

売　掛　金	500 / 売　　　上	500
売　上　原　価	400 / 商　　　品	400

※　C社の個別修正仕訳は事業2に係る修正である

4．連結消去修正仕訳金額の内訳
① 内部取引消去
売上高

会社	相手会社	消去金額	内訳		
			事業1	事業2	事業3
親会社	A社	600	500		100
親会社	B社	600		400	200
親会社	C社	1,400	800	600	
A社	親会社	1,000	1,000		
B社	親会社	800		800	
C社	親会社	3,500	1,500	2,000	
合計		7,900	3,800	3,800	300

売掛金

会社	相手会社	消去金額	内訳		
			事業1	事業2	事業3
親会社	A社	200	150		50
親会社	B社	150		100	50
親会社	C社	350	200	150	
A社	親会社	250	250		
B社	親会社	200		200	

| C社 | 親会社 | 900 | 400 | 500 | |
| 合計 | | 2,050 | 1,000 | 950 | 100 |

② 未実現損益消去

たな卸資産（当期末）

会社	相手会社	消去金額	内訳		
			事業1	事業2	事業3
A社	親会社	100	80		20
B社	親会社	90		60	30
C社	親会社	200	100	100	
親会社	A社	150	150		
親会社	B社	120		120	
親会社	C社	550	250	300	
合計		1,210	580	580	50

たな卸資産（前期末）

会社	相手会社	消去金額	内訳		
			事業1	事業2	事業3
A社	親会社	70	60		10
B社	親会社	80		50	30
C社	親会社	170	80	90	
親会社	A社	100	100		
親会社	B社	100		100	
親会社	C社	520	200	320	
合計		1,040	440	560	40

③ 貸倒引当金調整

貸倒引当金（当期末）

会社	相手会社	消去金額	内訳		
			事業1	事業2	事業3
親会社	A社	4	3		1
親会社	B社	3		2	1
親会社	C社	7	4	3	
A社	親会社	5	5		
B社	親会社	4		4	
C社	親会社	18	8	10	
合計		41	20	19	2

貸倒引当金（前期末）

会社	相手会社	消去金額	内訳		
			事業1	事業2	事業3
親会社	A社	7	5		2
親会社	B社	6		3	3
親会社	C社	3	2	1	
A社	親会社	4	4		
B社	親会社	6		6	
C社	親会社	16	10	6	
合計		42	21	16	5

【解答】

(1) 単純合算のセグメント別集計

　各社の個別財務諸表のセグメント別情報を集計します。単純合算の金額が連結精算表の単純合算と一致していることを確認します。

図表4-2-9　単純合算のセグメント別集計表

勘定科目	事業1	事業2	事業3	全社	単純合算
売上高	22,700	14,000	5,000	0	41,700
売上原価	13,600	7,900	3,000	0	24,500
販売費及び一般管理費	2,900	2,200	800	0	5,900
営業利益	6,200	3,900	1,200	0	11,300
資産	26,500	15,000	6,000	1,000	48,500

(2) 連結消去・修正仕訳金額のセグメント別集計

次に，仕訳の内容ごとにセグメント別に集計します。なお，この設例では親会社の事業3からA社またはB社への取引がセグメント間取引となっており，それ以外の取引はセグメント内取引となっています。

よって，各事業セグメントの下に"内"または"間"のフラグを立てて，セグメント内消去金額かセグメント間消去金額かがわかるようにしておきます。

(3) 単純合算と連結消去・修正仕訳金額の合算

単純合算のセグメント別集計表と連結消去・修正仕訳のセグメント別集計を合算して，セグメント情報作成のための元情報を作成します。

図表4-2-10 連結消去・修正仕訳のセグメント別集計表

勘定科目	個別修正仕訳		内部取引消去			たな卸未実現消去			貸倒引当金調整			連結消去・修正仕訳合計
	事業1	事業2	事業1内	事業2内	事業3間	事業1内	事業2内	事業3間	事業1内	事業2内	事業3間	
売上高	1,000	500	△3,800	△3,800	△300							△6,400
売上原価	800	400	△3,800	△3,800	△300	140	20	10				△6,530
販売費及び一般管理費									1	△3	3	1
営業利益	200	100	0	0	0	△140	△20	△10	△1	3	△3	129
資産	200	100	△1,000	△950	△100	△580	△580	△50	20	19	2	△2,919

図表4-2-11 単純合算と連結消去・修正仕訳金額の合計表

勘定科目	単純合算				単純合算合計	連結消去・修正仕訳			連結消去・修正仕訳合計	連結財務諸表
	事業1	事業2	事業3	全社		事業1内	事業2内	事業3間		
売上高	22,700	14,000	5,000	0	41,700	△2,800	△3,300	△300	△6,400	35,300
売上原価	13,600	7,900	3,000	0	24,500	△2,860	△3,380	△290	△6,530	17,970
販売費及び一般管理費	2,900	2,200	800	0	5,900	1	△3	3	1	5,901
営業利益	6,200	3,900	1,200	0	11,300	59	83	△13	129	11,429
資産	26,500	15,000	6,000	1,000	48,500	△1,360	△1,411	△148	△2,919	45,581

(4) セグメント情報の作成

(3)で合算した情報に基づいてセグメント情報を作成します。単純合算金額の下に，連結消去・修正仕訳のセグメント別集計金額を記入します。その際，個別修正仕訳の金額はセグメント内金額に含めて記入します。消去後金額の行の連結金額が，連結財務諸表金額と一致します。

図表4-2-12 セグメント別集計表

勘定科目	分類	事業1	事業2	事業3	セグメント計	全社 ⑤	連結金額
売上高	単純合算	22,700	14,000	5,000	41,700	0	41,700
	セグメント内	△2,800	△3,300		△6,100		△6,100
	セグメント間			△300	②,⑤ △300		△300
	消去後金額	① 19,900	① 10,700	①4,700	35,300	0	⑥35,300
売上原価	単純合算	13,600	7,900	3,000	24,500	0	24,500
	セグメント内	△2,860	△3,380		△6,240		△6,240
	セグメント間			△290	△290		△290
	消去後金額	10,740	4,520	2,710	17,970	0	17,970
販売費及び一般管理費	単純合算	2,900	2,200	800	5,900	0	5,900
	セグメント内	1	△3		△2		△2
	セグメント間			3	3		3
	消去後金額	2,901	2,197	803	5,901	0	5,901
営業利益	単純合算	③ 6,200	③ 3,900	③1,200	11,300	0	11,300
	セグメント内	③ 59	③ 83		142		142
	セグメント間			△13	⑤ △13		△13
	消去後金額	6,259	3,983	1,187	11,429	0	⑥11,429
資産	単純合算	④ 26,500	④ 15,000	④6,000	47,500	1,000	48,500
	セグメント内	④△1,360	④△1,411		△2,771		△2,771
	セグメント間			△148	⑤ △148		△148
	消去後金額	25,140	13,589	5,852	44,581	⑤1,000	⑥45,581

図表 4-2-13　セグメント情報

		事業1	事業2	事業3	合計	調整額 ⑤	連結財務諸表 ⑥
売上高							
外部顧客に対する売上高	①	19,900	10,700	4,700	35,300	−	35,300
セグメント間の内部売上高又は振替高	②	0	0	300	300	△300	−
計		19,900	10,700	5,000	35,600	△300	35,300
セグメント利益	③	6,259	3,983	1,200	11,442	△13	11,429
セグメント資産	④	25,140	13,589	6,000	44,729	852	45,581

① 外部顧客に対する売上高

セグメント別集計表の売上高の「消去後金額」を記入します。

② セグメント間の内部売上高又は振替高

セグメント別集計表の売上高の「セグメント間消去金額」を貸借反転させて記入します。

③ セグメント利益

セグメント別集計表の営業利益の「単純合算金額」および「セグメント内取引金額」の合計金額を記入します。

④ セグメント資産

セグメント別集計表の資産の「単純合算金額」および「セグメント内取引金額」の合計金額を記入します。

⑤ 調整額

セグメント別集計表の各項目の「セグメント間消去金額」と全社の「消去後金額」を記入します。

⑥ 連結財務諸表

セグメント情報の連結財務諸表金額が，連結精算表の連結財務諸表金額と一致しているかどうかを確認します。

第5章

新規連結子会社に関する検討事項

1 事前確認事項

新規に連結子会社が増えた場合，まずは以下の内容を検討し，対応方針や対応方法を具体的に検討しておく必要があります。

(1) 支配獲得日の確認
(2) 子会社の資産および負債の時価評価の検討
(3) 投資金額の修正および評価の検討
(4) 投資と資本の相殺消去仕訳の検討
(5) 新規子会社の会計方針の確認
(6) 新規子会社の科目体系の確認
(7) 新規子会社との取引内容の整理
(8) 新規子会社への連結パッケージの説明

(1) 支配獲得日の確認

親会社が，他の会社の支配を獲得した時点（支配獲得日）から当該他の会社は子会社となり，原則として連結の範囲に含める必要があります。

新規に連結子会社となるケースは，①子会社を設立したケース，②株式取得等により支配を獲得したケース，③非連結子会社の重要性が増して当期から連結子会社としたケースの3パターンがあります。それぞれのケースごとに，支配獲得日がいつとなるかを確認しておきましょう。

親会社は，支配獲得日以降，当該子会社の個別財務諸表を連結財務諸表上に取り込む必要があります。よって，期中に支配を獲得した場合には，支配獲得日以降の損益とキャッシュ・フローを取り込む必要があります。

図表5-1-1　支配獲得日と取り込む財務諸表の関係

	期首	期中	期末
貸借対照表	○	○	○
損益計算書	○	△（支配獲得日以降の損益計算書を取り込む）	×
キャッシュ・フロー計算書	○	△（支配獲得日以降のキャッシュ・フロー計算書を取り込む）	×

① 子会社を設立したケース

新規に子会社を設立して連結子会社とした場合には，設立した日が支配獲得日となります。

② 株式取得等により支配を獲得したケース

株式の取得等により支配を獲得して連結子会社とした場合，支配獲得に至った最終の株式取得日が支配獲得日となります。株式の取得等が，子会社の決算日以外の日付で行われた場合には，当該日の前後いずれかの決算日（四半期決算日を含む）に支配獲得が行われたものとみなして処理することができます。これを「みなし取得日」と呼び，この場合の支配獲得日は，みなし取得日とされた決算日となります。

③ 非連結子会社の重要性が増して当期から連結子会社としたケース

非連結子会社であった会社の重要性が増したことにより，連結子会社となった場合，連結開始は当期であっても支配獲得日は過去に支配獲得したときの日付です（設立であれば設立日，株式取得等であれば株式取得等によって支配を獲得した日）。

よって，当期から重要性が増加した場合，期首までの当該子会社に係る利益剰余金は，「連結範囲の変動に伴う子会社剰余金の増加高」等の科目で取り込む必要があります。

また、支配獲得日は、連結子会社に含めた日（重要性が増した年度の期首）ではなく、過去の支配獲得日であるため、この後説明する子会社の資産および負債の時価評価や、投資と資本の消去などは、過去の支配獲得日に行われたものとして計算する必要があります。

(2) 子会社の資産および負債の時価評価の検討

　株式取得等により支配を獲得して新規に連結子会社となった場合、親会社は支配獲得日の時価で当該連結子会社の資産および負債を時価評価し、連結財務諸表に取り込む必要があります。これは、関連会社（持分法適用会社）の株式を追加取得して持分比率が増加した場合も同様です。

　よって、株式取得等により支配を獲得して新規に連結子会社となった場合には、当該子会社がその時点で保有している資産および負債を調査し、次の事項について、あらかじめ検討しておく必要があります。

図表 5-1-2	株式取得等により支配を獲得して新規に連結子会社とした場合の確認事項

| ① 時価評価すべき資産および負債は何か |
| ② 時価評価額はいくらか |
| ③ 税効果は考慮する必要があるか |
| ④ 時価評価資産負債管理表の作成 |

① 時価評価すべき資産および負債は何か

　原則として、新規連結子会社から受け入れた資産および引き受けた負債のうち企業結合日時点において識別可能なもの（識別可能資産および負債）については、企業結合日時点の時価を基礎として、当該資産および負債に対して企業結合日以後1年以内に配分する必要があります（企業結合会計基準28項）。

　よって、外部会社または関連会社の支配を獲得し、新規に連結子会社とした

場合には，支配獲得日における当該子会社の財務諸表をあらかじめ入手し，どの資産および負債を時価評価する必要があるかを検討する必要があります。

なお，受け入れた資産に法律上の権利など分離して譲渡可能な無形資産が含まれる場合には，当該無形資産は識別可能なものとして取り扱う必要があります（企業結合会計基準29項）。

また，取得後に発生することが予測される特定の事象に対応した費用または損失であって，その発生の可能性が取得の対価の算定に反映されている場合には，負債として認識する必要があります（企業結合会計基準30項）。当該負債は，原則として固定負債として表示し，その主な内容および金額を連結貸借対照表および個別貸借対照表に注記します。

② 時価評価額はいくらか

次に，時価評価すべき資産および負債となった項目について，時価を調査する必要があります。時価評価に時間がかかるものもあるため，早めに時価評価金額の算定機関等に依頼をしておく必要があります。また，市場性のない有価証券などは，時価の算定をどのように行うか等についてもあらかじめ検討しておく必要があります。

③ 税効果は考慮する必要があるか

子会社の資産および負債の時価評価を行った場合，当該子会社の連結貸借対照表上の価額と個別貸借対照表上の資産額および負債額との間に差異が生じます。

この差異は連結財務諸表固有の一時差異に該当するため，税効果を認識する必要があります。この場合は，当該子会社の個別貸借対照表上の繰延税金資産の計上額と合算して回収可能性を判断する必要があります。

④ 時価評価資産負債管理表の作成

連結手続上で時価評価を行った資産が，外部に売却された場合，連結消去・

修正仕訳で計上した評価差額が売却によって実現することになります。減損された場合も同様です。よって，あらかじめ個別財務諸表の金額と連結財務諸表の金額との差額を管理できる表を作成し，毎期当該資産の顛末を確認する必要があります。

図表 5 - 1 - 3　時価評価資産負債管理表のサンプル

A社

勘定科目	内容	個別上の簿価	連結上の簿価	差額	税効果	税効果考慮後	顛末
土地	××	100,000	130,000	30,000	△10,500	19,500	
投資有価証券	○○会社	40,000	20,000	△20,000	7,000	△13,000	
:							

(3) 投資金額の修正および評価の検討

次に，子会社株式等の投資を修正または評価する必要があるか否かを検討します。株式取得等により支配を獲得して新規に連結子会社となった場合，取得に際してアドバイザー等に支払った手数料は，個別財務諸表上では付随費用として投資の取得原価に含めていますが，連結財務諸表上では取得時の費用として計上する必要があります。よって，費用として計上すべき金額を計算し，連結消去・修正仕訳で投資勘定から費用勘定への振替仕訳を行います。

（取得関連費用の振替）

支 払 手 数 料 　　×××　／　子 会 社 株 式 　　×××

また，当該子会社の株式を複数回にわたって取得していた場合には，支配獲得時の時価で過去の取得原価を置き換える必要があります。このときの差額は，「段階取得に係る差益（または差損）」として計上します。

(投資勘定の時価評価)

| 子会社株式 | ××× / 段階取得に係る差益 | ××× |

このように，株式取得等により支配を獲得して新規連結子会社となった場合，個別財務諸表上の子会社株式の金額と連結財務諸表上の子会社株式の金額が異なるため，下記のような管理表を作成しておく必要があります。

図表 5 - 1 - 4　投資金額管理表のイメージ

	支配獲得前 取得合計	支配獲得時 追加取得	支配獲得後 合計
取得株数	20株	50株	70株
取得原価（個別財務諸表）	800,000円	3,500,000円	4,300,000円
取得関連費用	ー	1,000,000円	1,000,000円
差引	800,000円	2,500,000円	3,300,000円
1株当たり単価	@40,000円	@50,000円	ー
支配獲得時単価	@50,000円	@50,000円	@50,000円
支配獲得時時価	1,000,000円	2,500,000円	3,500,000円
差額（段階取得に係る差益）	200,000円	ー	200,000円

なお，上記の投資金額管理表をもとに連結消去・修正仕訳（投資金額に係る部分のみ）を示すと以下のようになります。

(取得関連費用の振替)

| 支払手数料 | 1,000,000 / 子会社株式 | 1,000,000 |

(投資勘定の時価評価)

| 子会社株式 | 200,000 / 段階取得に係る差益 | 200,000 |

(4) 投資と資本の相殺消去仕訳の検討

支配獲得時における親会社の投資金額および子会社の資本金額が決定すれば，投資と資本の相殺消去仕訳を検討し，あらかじめのれんの金額がいくらになるかを確認しておく必要があります。

図表5-1-5　投資資本管理表のサンプル

子会社の資本金額

	修正前 個別財務諸表	評価差額	修正後 個別財務諸表
資本金	1,000,000		1,000,000
資本剰余金	1,000,000		1,000,000
利益剰余金	1,500,000		1,500,000
評価差額	−	250,000	250,000
純資産合計	3,500,000	250,000	3,750,000
親会社株主持分比率 非支配株主持分比率			80% 20%
親会社株主持分 非支配株主持分			3,000,000 750,000

親会社の投資金額

	修正前 個別財務諸表	取得関連 費用	段階取得に よる差益	修正後 個別財務諸表
子会社株式	4,300,000	△1,000,000	200,000	3,500,000

のれんの算定

のれん	500,000

上記金額に基づき，投資と資本の消去仕訳を示すと以下のようになります。

(投資と資本の消去)

資 本 金	1,000,000	子 会 社 株 式	3,500,000
資 本 剰 余 金	1,000,000	非支配株主持分	750,000
利 益 剰 余 金	1,500,000		
評 価 差 額	250,000		
の れ ん	500,000		

(5) 新規子会社の会計方針の確認

　同一環境下で行われた同一の性質の取引等については，親会社および子会社が採用する会計方針は，原則として統一する必要があります。

　よって，新規連結子会社が親会社と異なる会計方針を採用している場合には，当該子会社の個別財務諸表を修正して親会社の会計方針に合わせる必要があるか否かを検討し，修正する場合には，さらに子会社側で修正するのか，連結財務諸表作成時に修正するのかを決定しておく必要があります。

　なお，原則統一することとされていますが，会計方針を統一しないことに合理的な理由がある場合や重要性がない場合については，統一しないことも認められています。

　会計処理方法の確認シートは図表5-1-6のサンプルをご利用ください。

図表5-1-6　会計処理方法の確認シートのサンプル

	項目	連結会計方針	子会社A
親会社との関係（連結子会社 or 持分法適用会社 or 非連結子会社）		親会社	連結子会社
決算日		3月31日	3月31日
■重要な資産の評価基準および評価方法			
① 有価証券	満期保有目的の債券の評価方法	償却原価法	−
	その他有価証券（時価のあるもの）の評価方法	決算期末の市場価格等に基づく時価法（評価差額は全部純資産直入法により処理し，売却原価は移動平均法により算定）	−
	その他有価証券（時価のないもの）の評価方法	移動平均法による原価法	−
	売買目的有価証券の評価方法	時価法（売却原価は移動平均法により算定）	−
② たな卸資産	通常の販売目的で保有するたな卸資産の評価基準	原価法（収益性の低下による簿価切下げの方法）	原価法（収益性の低下による簿価切下げの方法）
	a　商品・原材料・貯蔵品の評価方法	移動平均法	総平均法
	b　製品・仕掛品の評価方法	総平均法	総平均法
	c　未成工事支出金の評価方法	個別原価法	個別原価法
③ デリバティブ取引	デリバティブの評価基準	時価法	−
	運用目的の金銭の信託	時価法	−
■重要な減価償却資産の減価償却の方法			
① 有形固定資産	有形固定資産（リース資産を除く）の償却方法	定率法（ただし，平成10年4月以降に取得した建物（建物附属設備は除く）は定額法）	定額法
	主な耐用年数−建物及び附属設備	10年〜20年	6年〜47年
	主な耐用年数−機械・装置	5年〜10年	3年〜15年

第 5 章 新規連結子会社に関する検討事項

②	無形固定資産	無形固定資産（リース資産を除く）の償却方法	定額法	定額法
		主な耐用年数－商標権	10年	10年
		主な耐用年数－ソフトウェア（自社利用分）	5年（社内における利用可能期間）	5年（社内における利用可能期間）
③	リース資産	所有権移転外ファイナンス・リース取引に係るリース資産	定額法（残存価額ゼロ）	定額法（残存価額ゼロ）
		耐用年数	リース期間	リース期間
④	長期前払費用	償却方法	均等償却	均等償却
		耐用年数	5年	－
⑤	繰延資産	社債発行費の処理方法	定額法	－
		社債発行費の償却年数	3年	－
		株式交付費の処理方法	支出時に全額費用処理	支出時に全額費用処理

■重要な引当金の計上基準

①	貸倒引当金	一般債権	貸倒実績率	貸倒実績率
		貸倒懸念債権等	財務内容評価法	財務内容評価法
②	賞与引当金	計上基準	支給見込額に基づき当連結会計年度分を計上	支給見込額に基づき当会計年度分を計上
③	役員賞与引当金	計上基準	支給見込額	－
④	退職給付引当金	計上基準	将来支給予測方式の現価方式による額から年金資産の公正な評価額を控除した額（原則法）	将来支給予測方式の現価方式による額から年金資産の公正な評価額を控除した額（原則法）
		過去勤務費用の処理方法	一括償却（初年度一括償却済み）	一括償却（初年度一括償却済み）
		数理計算上の差異の処理方法	発生年度から5年で均等償却	発生年度から5年で均等償却
⑤	役員退職慰労引当金		役員退職慰労金規定に基づく期末要支給額	役員退職慰労金規定に基づく期末要支給額
⑥	工事損失引当金		損失見込額	損失見込額

■重要な収益および費用の計上基準

①	ファイナンス・リース	収益の計上基準	リース取引開始日に売上高と売上原価を計上	リース取引開始日に売上高と売上原価を計上
②	工事完成高および完成工事原価	工事完成高	工事進行基準	工事進行基準
		完成工事原価	原価比例法	原価比例法

■重要な外貨建の資産または負債の本邦通貨への換算基準			
外貨建金銭債権債務		連結決算日の直物為替相場により換算 為替差額は損益として処理	連結決算日の直物為替相場により換算 為替差額は損益として処理
在外子会社等の資産および負債		連結決算日の直物為替相場により換算	—
在外子会社等の収益および費用		期中平均相場により換算	—
■重要なヘッジ会計の方法			
ヘッジ会計の方法		繰延ヘッジ	—
ヘッジ手段とヘッジ対象	ヘッジ手段	為替予約	—
	ヘッジ対象	外貨建予定取引	—
ヘッジ方針		内部規定に基づく	—
ヘッジ有効性評価の方法		ヘッジ開始から有効性評価時点までの期間においてヘッジ手段のキャッシュ・フロー変動の累計とヘッジ対象のキャッシュ・フロー変動の累計を比較	—
■のれんの償却方法および償却期間			
償却方法		定額法	—
償却期間		5年	—
■連結キャッシュ・フロー計算書における資金の範囲			
資金の範囲		・手許現金 ・随時引き出し可能な預金 ・取得日から3ヵ月以内に償還期限が到来する短期投資	・手許現金 ・随時引き出し可能な預金 ・取得日から3ヵ月以内に償還期限が到来する短期投資
■その他			
消費税等の会計処理		税抜方式	税抜方式
連結納税制度の適用		適用なし	適用なし

(6) 新規子会社の科目体系の確認

　新規連結子会社の直近の個別財務諸表を確認し，連結財務諸表上，どのような勘定科目で取り込むかを検討します。

　子会社からのデータ収集について，連結パッケージを利用して行っている場

合には，連結パッケージに追加すべき項目（勘定科目）がないかどうかを検討するために必要となる作業です。

(7) 新規子会社との取引内容の整理

新規連結子会社に関する連結消去・修正仕訳を検討するために，まずは新規連結子会社との取引内容を整理します。

これによって，当該会社を連結することにより，どのような情報を収集する必要があるか，連結消去・修正仕訳は具体的にどうすればよいか等を事前に整理しておくことができます。

① 内部取引内容の確認

営業活動および財務活動など，当該子会社と親会社および既存の子会社の間でどのような取引が行われているかを確認します。

事前に親会社および他の子会社との取引内容を把握しておくことで，内部取引の消去漏れを防ぐことができます。

図表5-1-7　新規連結子会社との取引有無の確認例

新規連結子会社X社との取引について

	親会社	子会社A
営業取引	あり X社より甲商品の仕入れ	あり X社への乙商品の販売
営業外取引	あり X社への運転資金（短期）の融資	なし
その他	経費（家賃）の立替	なし

また，期中から子会社となった場合には，子会社となった時点からの損益取引を消去する必要があります。よって，上記で内部取引内容を整理したのち，当期連結消去・修正仕訳において，どの科目を消去すべきかを確認し，決算に

際して新規子会社からどのような情報を収集すべきかを検討しておく必要があります。

この調査結果により，もし，連結パッケージの修正などが必要になった場合には，あわせて連結パッケージの修正も行います。

② 未実現損益の確認

新規連結子会社との商流を整理することにより，どこに未実現損益が生じる可能性があるかを把握します。

a．新規連結子会社が買い手の場合

新規連結子会社が買い手の場合，当該子会社の期末在庫の中に含まれている親会社（または他の子会社）が付した利益（または損失）が未実現利益（または損失）となります。よって，決算日において，当該新規連結子会社の在庫に含まれている親会社または他の連結子会社から仕入れた金額を把握する必要があります。

一方，未実現損益を計算するための利益率についてもあらかじめ検討しておく必要があります。

b．新規連結子会社が売り手の場合

新規連結子会社が売り手の場合，買い手の会社から決算日の資産に含まれてる当該新規連結子会社から購入した金額を報告してもらう必要があります。

連結パッケージでデータ収集を行っている場合，当該新規連結子会社から購入した分も追加で報告する旨，他の子会社に事前に連絡しておく必要があります。

一方，未実現利益を計算するための利益率をあらかじめ検討しておく必要があります。

例えば，当該新規連結子会社が複数の商品を扱っており，それぞれの商品を親会社または他の子会社へ販売しているような場合には，製品別の利益率を利

用して未実現損益を消去する必要があるかなどを検討します。もし，商品別に未実現損益を消去する必要がある場合には，親会社または他の子会社から商品別の期末在庫の情報を収集する必要があります。

(8) 新規子会社への連結パッケージの説明

連結パッケージを利用して子会社からデータ収集を行っている場合，新規連結子会社に対して連結パッケージの説明が必要となります。

子会社が利用している勘定科目を連結パッケージのどこに入力すればよいか，各シートはどのような目的で利用しているもので，どういう情報をいつまでに報告する必要があるかなど，新規連結子会社の担当者に説明します。

2 連結精算表作成時の留意点

新規連結子会社がある場合，上述のとおり，いつから連結開始とするのかによって，どの財務諸表を連結に含めるのかが変わってきます。

当期末が支配獲得日の場合には，貸借対照表のみが取り込む対象の財務諸表となります。支配獲得日が期首または期中の場合には，支配獲得日以降の損益およびキャッシュ・フローを連結財務諸表上取り込む必要があります。

(1) 株式取得等により新規連結子会社としたケース

それでは，株式取得等により新規連結子会社とした場合の，連結精算表作成の流れを見ておきましょう。

設例 5-2-1　株式取得により新規連結子会社としたケース

　以下の前提条件に基づいて，当期（X1年3月31日）の連結精算表を完成させなさい。
（前提条件）
- P社は以前よりS社を連結子会社としている。
- P社はX0年10月1日に，X社の株式80株（80％）を50,000で取得し，連結子会社とした。
- P社のX社株式取得原価のうち，20,000はアドバイザー等に支払った手数料であった。
- P社およびX社ともに3月決算であり，支配獲得日（X0年10月1日）のX社の純資産は，資本金10,000，資本剰余金10,000，利益剰余金10,000であった。
- 支配獲得日のX社の資産のうち，簿価と時価が異なるものは土地（簿価10,000）のみであり，その時価は15,000であった。
- のれんは発生後5年で定額法により償却を行う（月割計算）。
- P社のX社に対する債権は長期貸付金20,000であり，X社のP社に対する債務は長期借入金20,000であった（他の子会社との取引は生じていない。またP社は当該貸付金に対して貸倒引当金は設定していない）。
- P社の売上高のうちX社に対するものは45,000であり，そのうち第2四半期までの売上高は15,000，第3四半期以降の売上高は30,000であった。
- X社の期末たな卸資産のうち，2,000はP社から仕入れたもの（P社の売上総利益率は25％）であった。
- 当設例において税効果は考慮しない。

【解説】

① 支配獲得日の決定

　支配獲得日はX0年10月1日（第3四半期の期首）となります。よって，当期はX社の10月1日以降の損益計算書と貸借対照表を連結財務諸表に含める必要があります。

　子会社から取得している財務諸表が，期首からの1年分の場合には，損益計算書を第3四半期の期首からの6ヵ月に修正して取り込むことになります。

　このとき，第3四半期期首（第2四半期期末）の資本が支配獲得時の資本となります。

【追加条件】

（X社の当期の財務諸表）

個別貸借対照表
X1年3月31日

現金及び預金	19,200	買掛金	18,500
売掛金	23,500	長期借入金	20,000
貸倒引当金	(1,200)	資本金	10,000
商品	22,000	資本剰余金	10,000
土地	10,000	利益剰余金	15,000
資産合計	73,500	負債・純資産合計	73,500

個別損益計算書
X0年4月1日〜X1年3月31日

売上原価	43,800	売上高	90,000
貸倒引当金繰入	1,200		
その他販売費及び一般管理費	28,000		
支払利息	5,000		
当期純利益	12,000		

（X社の第2四半期の損益計算書）

個別損益計算書
X0年4月1日〜X0年9月30日

売上原価	15,800	売上高	40,000
貸倒引当金繰入	400		
その他販売費及び一般管理費	13,800		
支払利息	3,000		
当期純利益	7,000		

よって、取り込むべきX社の損益は10月1日以降の半期分となります。

(取り込むべきX社の損益計算書)

個別損益計算書
X0年10月1日～X1年3月31日

売上原価	28,000	売上高	50,000
貸倒引当金繰入	800		
その他販売費及び一般管理費	14,200		
支払利息	2,000		
当期純利益	5,000		

② X社の資産および負債の時価評価

支配獲得時のX社の資産および負債を時価評価します。前提条件によれば、土地（簿価10,000）の時価が15,000ですので、この差額を「評価差額（X社の資本）」として計上します。

(子会社の資産および負債の時価評価)

土　　　地	5,000 / 評　価　差　額	5,000

※ 15,000（時価）－10,000（簿価）＝5,000（評価差額）

なお、当設例では税効果は考慮しないとしていますが、税効果を考慮する場合には、評価差額は税効果金額控除後の金額となります。

③ 取得関連費用の振替

当期にX社株式を取得した際、アドバイザー等に支払った手数料（取得関連費用）は、個別財務諸表上では子会社株式に含まれています。よって、連結消去・修正仕訳を行ってP社の子会社株式に含まれている取得関連費用を当期の費用に振り替えます。

(取得関連費用の振替)

支　払　手　数　料	20,000 / 子　会　社　株　式	20,000

④ 投資と資本の消去

P社の投資とX社の資本を相殺消去し、差額はのれんとして処理します。また、この設例では100％子会社ではないため、P社持分以外の金額は非支配

株主持分へ振り替えます。このとき，相殺消去の対象となるX社の資本は支配獲得時（この例ではX0年10月1日）の資本となります。また，上述の評価差額も含めます。

(投資と資本の相殺消去)

資　本　金	※1 10,000	子会社株式	※3 30,000
資本剰余金	※1 10,000	非支配株主持分	※4 7,000
利益剰余金	※1 10,000		
評　価　差　額	※2 5,000		
の　れ　ん	※5 2,000		

※1　支配獲得日の子会社の資本金額
　　なお，利益剰余金は期末の利益剰余金15,000から10月1日以降の当期純利益5,000を差し引いた金額となる（X0年9月末の利益剰余金）
※2　支配獲得日の子会社の資産および負債の評価差額
※3　取得関連費用を控除した金額（50,000−20,000）＝30,000
※4　（10,000＋10,000＋10,000＋5,000）×20％＝7,000
※5　30,000−（10,000＋10,000＋10,000＋5,000）×80％＝2,000

⑤　当期純利益の按分

　X社は第3四半期の期首から連結子会社となるため，X社の第3四半期以降の当期純利益のうち，親会社に帰属しない金額を非支配株主持分に按分する仕訳が必要となります。

(当期純利益の按分)

非支配株主損益	1,000 ／ 非支配株主持分	1,000

※　5,000×20％＝1,000

⑥　のれんの償却

　当設例では，のれんは5年で定額償却を行い，また，第3四半期期首から連結しているため，当期は6ヵ月分の償却仕訳を行います。

(のれんの償却)

のれん償却	200 ／ の　れ　ん	200

※ 2,000÷5年＝400（1年当たりの償却額）
400÷12ヵ月×6ヵ月＝200

⑦ 内部取引の消去

新規連結子会社との間で生じた内部取引についても，他の子会社と同様に消去します。

債権債務は当期末残高の消去となるため，当期末の貸借対照表に計上されている内部の債権債務残高を消去します。

（債権債務の消去）

| 長 期 借 入 金 | 20,000 ／ | 長 期 貸 付 金 | 20,000 |

※ 当期末の残高を消去する

損益取引は第3四半期期首からの内部取引を消去します。よって，もし，親会社または他の子会社と，当該新規連結子会社との間で第2四半期に取引があったとしても，その金額は消去対象にはなりません（第2四半期時点は外部会社であり，新規子会社の損益計算書は合算していないため）。

（損益取引の消去）

| 売　上　高 | 30,000 ／ | 売　上　原　価 | 30,000 |

※ 第3四半期以降の取引高のみを消去する

⑧ 未実現損益の消去

新規連結子会社との間で生じた未実現利益（または損失）についても，他の子会社と同様に消去します。

（未実現利益の消去）

| 売　上　原　価 | 500 ／ | 商　　　品 | 500 |

※ 2,000×25％＝500

なお，新規連結子会社の場合，期末に生じていた未実現利益（または損失）だけを消去してしまうと，支配獲得日以前から未実現利益（または損失）が生じていた場合に，支配獲得日以前に計上した利益を当期の損益から控除してし

まうことになってしまいます。よって，その影響額が大きい場合には，支配獲得日時点の未実現利益（または損失）を消去しないか，または利益剰余金から控除する場合もありますので，実態に応じて処理方法を検討する必要があります。

⑨ 連結手続上の税効果

未実現利益（または損失）の消去等を行った場合，個別財務諸表上の資産や負債の金額と，連結財務諸表上の資産や負債の金額に差が生じるため，連結手続上の税効果を認識する必要があります。

当設例では税効果を考慮しないという前提でしたが，仮に税率を40％とした場合には，前述の未実現利益の消去に伴って，以下のような仕訳が必要となります。

（未実現利益の消去に伴う税効果）

| 短期繰延税金資産 | 200 | ／ | 法人税等調整額 | 200 |

※ 500×40％＝200

【解答】 連結精算表の作成

設例の数値例をもとに連結精算表を作成すると以下のようになります。

勘定科目	P社	S社	X社	合算	子会社の資産および負債の時価評価（X社）	取得関連費用の振替（X社）	投資と資本の消去（S社）	投資と資本の消去（X社）	当期純利益の按分（X社）	のれんの償却（X社）	内部取引の消去（X社）	未実現損益の消去（X社）	連結財務諸表
連結貸借対照表													
現金及び預金	408,000	70,600	19,200	497,800									497,800
売掛金	450,000	31,250	23,500	504,750									504,750
貸倒引当金	(10,000)	(2,000)	(1,200)	(13,200)									(13,200)
商品	23,000	6,250	22,000	51,250								(500)	50,750
土地	50,000		10,000	60,000	5,000								65,000
建物	170,000	38,000		208,000									208,000
のれん				-				2,000		(200)			1,800
長期貸付金	120,000	22,500		142,500							(20,000)		122,500
子会社株式	150,000			150,000		(20,000)	(100,000)	(30,000)					-
資産合計	1,361,000	166,600	73,500	1,601,100	5,000	(20,000)	(100,000)	(28,000)	0	(200)	(20,000)	(500)	1,437,400
買掛金	(380,000)	(21,200)	(18,500)	(419,700)									(419,700)
その他流動負債	(65,000)	(7,500)		(72,500)									(72,500)
長期借入金	(300,000)	(27,500)	(20,000)	(347,500)							20,000		(327,500)
資本金	(150,000)	(50,000)	(10,000)	(210,000)	0	0	50,000	10,000	0	0	0	0	(150,000)
資本剰余金	(150,000)	(50,000)	(10,000)	(210,000)	0	0	50,000	10,000	0	0	0	0	(150,000)
利益剰余金	(316,000)	(10,400)	(15,000)	(341,400)	0	20,000	0	10,000	1,000	200	0	500	(309,700)
評価差額				-	(5,000)			5,000					-
未支配株主持分				-				(7,000)	(1,000)				(8,000)
負債・純資産合計	(1,361,000)	(166,600)	(73,500)	(1,601,100)	(5,000)	20,000	100,000	28,000	0	200	20,000	500	(1,437,400)
損益計算書													
売上高	(1,500,000)	(173,200)	(50,000)	(1,723,200)							30,000		(1,693,200)

第5章　新規連結子会社に関する検討事項

売上原価	997,000	115,400	28,000	1,140,400					(30,000)	500	1,110,900
減価償却費	5,000	3,600		8,600							8,600
貸倒引当金繰入	4,000	700	800	5,500							5,500
のれん償却				—		200					200
支払手数料				—	20,000						20,000
その他販売費及び一般管理費	385,000	46,600	14,200	445,800							445,800
受取利息	(3,000)	(900)		(3,900)							(3,900)
為替差益	(9,000)			(9,000)							(9,000)
支払利息	4,000	2,400	2,000	8,400							8,400
法人税等	1,000	0		1,000							1,000
当期純利益	(116,000)	(5,400)	(5,000)	(126,400)	20,000	20,000	0	0	0	500	(105,700)
非支配株主損益				—				1,000			1,000
当期純利益（親会社株主損益）	(116,000)	(5,400)	(5,000)	(126,400)	20,000	20,000	0	1,000	0	500	(104,700)
株主資本等変動計算書											
資本金当期首残高	(150,000)	(50,000)	(10,000)	(210,000)		50,000	10,000		0	0	(150,000)
資本金当期末残高	(150,000)	(50,000)	(10,000)	(210,000)		50,000	10,000		0	0	(150,000)
資本剰余金当期首残高	(150,000)	(50,000)	(10,000)	(210,000)		50,000	10,000		0	0	(150,000)
資本剰余金当期末残高	(150,000)	(50,000)	(10,000)	(210,000)		50,000	10,000		0	0	(150,000)
利益剰余金当期首残高	(200,000)	(5,000)	(10,000)	(215,000)	20,000		10,000		0	0	(205,000)
当期純利益（親会社株主損益）	(116,000)	(5,400)	(5,000)	(126,400)	20,000				1,000	500	(104,700)
利益剰余金当期末残高	(316,000)	(10,400)	(15,000)	(341,400)							(309,700)

※　貸方にはカッコをつけて示している

(2) 非連結子会社の重要性が増して当期から連結子会社としたケース

それでは，非連結子会社を当期から連結子会社とした場合の一連の流れについて，簡単な数値例で確認しておきましょう。

設例5-2-2　非連結子会社を当期から連結子会社としたケース

以下の前提条件に基づいて，当期（X2年3月31日）の連結精算表を完成させなさい。
（前提条件）
・P社は以前よりS社を連結子会社としている。
・P社はX0年3月31日に，X社の株式80株（80％）を50,000で取得していたが，重要性が低いため非連結子会社としていた。
・P社のX社株式取得原価のうち，20,000はアドバイザー等に支払った手数料であった。
・P社およびX社ともに3月決算であり，支配獲得日（X0年3月31日）のX社の純資産は，資本金10,000，資本剰余金10,000，利益剰余金10,000であった。
・支配獲得日のX社の資産のうち，簿価と時価が異なるものは土地（簿価10,000）のみであり，支配獲得日（X0年3月31日）の時価は15,000であった。
・当期よりX社の重要性が増したため，当期首から連結子会社とすることとした。
・のれんは支配獲得後5年で定額法により償却を行う（月割計算）。
・P社とX社間で資本取引以外の内部取引は生じていない。
・当設例において税効果は考慮しない。

【解説】

① 支配獲得日の決定

非連結子会社であったとしても，支配獲得日は実際のX0年3月31日となります。また，連結開始は当期の期首からとなります。よって，当期はX社の4月1日以降の損益計算書と貸借対照表を連結財務諸表に含める必要があります。

【追加条件】

X社の当期の財務諸表

個別貸借対照表
X2年3月31日

現金及び預金	49,200	買掛金	18,500
売掛金	23,500	長期借入金	20,000
貸倒引当金	(1,200)	資本金	10,000
商品	2,000	資本剰余金	10,000
土地	10,000	利益剰余金	25,000
資産合計	83,500	負債・純資産合計	83,500

個別損益計算書
X1年4月1日～X2年3月31日

売上原価	43,800	売上高	90,000
貸倒引当金繰入	1,200		
その他販売費及び一般管理費	28,000		
支払利息	5,000		
当期純利益	12,000		

② X社の資産および負債の時価評価

　支配獲得時のX社の資産および負債を時価評価します。非連結子会社を当期から連結子会社とした場合、取り込む財務諸表は当期首からですが、支配獲得日は実際に支配を獲得した過去の日付です。連結に取り込んだときの時価ではないことに注意してください。ただし、過去の時価が不明な場合には便宜上、時価評価をしない、または連結開始時の時価で評価する場合もあります。

　この例では、土地（簿価10,000）の支配獲得時の時価が15,000ですので、この差額を「評価差額（X社の資本）」として計上します。

（子会社の資産および負債の時価評価）

土　　　地	5,000 ／ 評　価　差　額	5,000

　※　15,000（時価）− 10,000（簿価）＝ 5,000（評価差額）

なお，当設例では税効果は考慮しないとしていますが，税効果を考慮する場合には，評価差額は税効果金額控除後の金額となります。

③ 取得関連費用の振替

X社株式を取得した際，アドバイザー等に支払った手数料（取得関連費用）は，個別財務諸表上では子会社株式に含まれています。よって，連結消去・修正仕訳を行ってP社の子会社株式に含まれている取得関連費用を当期の費用に振り替えます。なお，非連結子会社を連結する場合には，当期の費用ではなく過去（支配獲得時）の費用とすべきであるため，「連結範囲の変動に伴う子会社剰余金の増加高」等の科目で利益剰余金に反映させます。

（取得関連費用の振替）

連結範囲の変動に伴う子会社剰余金の増加高	20,000	子 会 社 株 式	20,000

④ 投資と資本の消去

P社の投資とX社の資本を相殺消去し，差額はのれんとして処理します。また，今回の設例では100％子会社ではないため，P社持分以外の金額は非支配株主持分へ振り替えます。このとき，相殺消去の対象となるX社の資本は支配獲得時（この例ではX0年3月31日）の資本となります。また，上述の評価差額も含めます。

（投資と資本の相殺消去）

資 本 金	※1 10,000	子 会 社 株 式	※3 30,000
資 本 剰 余 金	※1 10,000	非支配株主持分	※4 7,000
利 益 剰 余 金	※1 13,000	連結範囲の変動に伴う子会社剰余金の増加高	※6 3,000
評 価 差 額	※2 5,000		
の れ ん	※5 2,000		

※1 連結開始時（X1年4月1日）の子会社の資本金額
  なお，利益剰余金は期末の利益剰余金25,000から当期純利益12,000を差し引いた

金額となる
※2 支配獲得日の子会社の資産および負債の評価差額
※3 取得関連費用を控除した金額（50,000 − 20,000）= 30,000
※4 （10,000 + 10,000 + 10,000 + 5,000）× 20% = 7,000
※5 30,000 −（10,000 + 10,000 + 10,000 + 5,000）× 80% = 2,000
※6 連結開始時（X1年4月1日）の利益剰余金のうち、支配獲得後利益剰余金の金額を「連結範囲の変動に伴う子会社剰余金の増加高」等の科目に振り替える
13,000 − 10,000 = 3,000

⑤ 当期純利益の按分

X社は当期の期首から連結子会社となるため、X社の当期純利益のうち、親会社に帰属しない金額を非支配株主持分に按分する仕訳が必要となります。

また、X0年3月31日に支配を獲得しているため、X0年3月31日から前期末（X1年3月31日）までの支配獲得後剰余金についても、非支配株主持分に振り替える必要があります。

（当期純利益の按分）

・X1年3月31日までの支配獲得後剰余金

連結範囲の変動に伴う子会社剰余金の増加高	600	非支配株主持分	600

※ （13,000（X1年3月31日の利益剰余金）− 10,000（支配獲得時剰余金））× 20% = 600

・当期純利益の按分

非支配株主損益	2,400	非支配株主持分	2,400

※ 12,000 × 20% = 2,400

⑥ のれんの償却

当設例では、のれんは5年で定額償却を行います。支配獲得日がX0年3月31日であるため、当期首までに1年分償却が終わっています。よって、過去の期間に属するのれんの償却は、「連結範囲の変動に伴う子会社剰余金の増加高」等の科目で利益剰余金に反映させます。

（のれんの償却）

・X1年3月31日までの償却額

| 連結範囲の変動に伴う子会社剰余金の増加高 | 400 | のれん | 400 |

※ 2,000÷5年＝400（1年当たりの償却額）

・当期の償却額

| のれん償却 | 400 | のれん | 400 |

【解答】 連結精算表の作成

連結精算表は210〜211ページのようになります。

3　連結キャッシュ・フロー計算書作成時の留意点

新規連結子会社がある場合の，連結キャッシュ・フロー計算書作成の手順について説明します。

(1) 収集すべき情報

新規連結子会社をいつから連結に含めたのかによって，連結キャッシュ・フロー計算書に取り込む範囲が変わります。考え方は連結損益計算書と同様です。

期首から連結範囲に含めたのであれば，連結キャッシュ・フロー計算書にも期首からのキャッシュ・フローを取り込みます。また，例えば支配獲得日が第2四半期の期首であれば，第2四半期期首からのキャッシュ・フローを取り込みます。期末に子会社となった場合には，期末の現金および現金同等物のみを取り込みます。

よって，連結キャッシュ・フロー計算書を作成するうえでは，支配獲得日が期首または期中の場合には，支配獲得日の当該子会社の個別貸借対照表と，投資活動，財務活動に係る資産および負債の科目の支配獲得日から期末までの増減明細が必要となります。

勘定科目	P社	S社	X社	合算	子会社の資産および負債の時価評価(X社)	取得関連費用の振替(X社)	投資と資本の消去(S社)	投資と資本の消去(X社)	当期純利益の按分(X社)	のれんの償却(X社)	連結財務諸表
貸借対照表											
現金及び預金	408,000	70,600	49,200	527,800							527,800
売掛金	450,000	31,250	23,500	504,750							504,750
貸倒引当金	(10,000)	(2,000)	(1,200)	(13,200)							(13,200)
商品	23,000	6,250	2,000	31,250							31,250
土地	50,000		10,000	60,000	5,000						65,000
建物	170,000	38,000		208,000							208,000
のれん				–				2,000		(800)	1,200
長期貸付金	120,000	22,500		142,500							142,500
子会社株式	150,000			150,000		(20,000)	(100,000)	(30,000)			–
資産合計	1,361,000	166,600	83,500	1,611,100	5,000	(20,000)	(100,000)	(28,000)	0	(800)	1,467,300
買掛金	(380,000)	(21,200)	(18,500)	(419,700)							(419,700)
その他流動負債	(65,000)	(7,500)		(72,500)							(72,500)
長期借入金	(300,000)	(27,500)	(20,000)	(347,500)							(347,500)
資本金	(150,000)	(50,000)	(10,000)	(210,000)			50,000	10,000			(150,000)
資本剰余金	(150,000)	(50,000)	(10,000)	(210,000)			50,000	10,000			(150,000)
利益剰余金	(316,000)	(10,400)	(25,000)	(351,400)		20,000	0	10,000	3,000	800	(317,600)
評価差額				–	(5,000)			5,000			–
非支配株主持分				–				(7,000)	(3,000)		(10,000)
負債・純資産合計	(1,361,000)	(166,600)	(83,500)	(1,611,100)	(5,000)	20,000	100,000	28,000	0	800	(1,467,300)

第5章 新規連結子会社に関する検討事項

損益計算書												
売上高	(1,500,000)	(173,200)	(90,000)	(1,763,200)								(1,763,200)
売上原価	997,000	115,400	43,800	1,156,200								1,156,200
減価償却費	5,000	3,600		8,600								8,600
貸倒引当金繰入	4,000	700	1,200	5,900								5,900
のれん償却				―							400	400
その他販売費及び一般管理費	385,000	46,600	28,000	459,600								459,600
受取利息	(3,000)	(900)		(3,900)								(3,900)
為替差益	(9,000)			(9,000)								(9,000)
支払利息	4,000	2,400	5,000	11,400								11,400
法人税等	1,000	0		1,000								1,000
当期純利益	(116,000)	(5,400)	(12,000)	(133,400)	0	0	0	0	0	400	(133,000)
非支配株主損益				―						2,400		2,400
当期純利益（親会社株主損益）	(116,000)	(5,400)	(12,000)	(133,400)	0	0	0	0	0	2,400	400	(130,600)
株主資本等変動計算書												
資本金期首残高	(150,000)	(50,000)	(10,000)	(210,000)			50,000	10,000				(150,000)
資本金期末残高	(150,000)	(50,000)	(10,000)	(210,000)	0	0	50,000	10,000	0			(150,000)
資本剰余金期首残高	(150,000)	(50,000)	(10,000)	(210,000)			50,000	10,000				(150,000)
資本剰余金期末残高	(150,000)	(50,000)	(10,000)	(210,000)	0	0	50,000	10,000	0			(150,000)
利益剰余金期首残高	(200,000)	(5,000)	(13,000)	(218,000)					13,000			(205,000)
利益剰余金増加高				―	20,000					600	400	18,000
									(3,000)			
当期純利益（親会社株主損益）	(116,000)	(5,400)	(12,000)	(133,400)	0	0	0	0	0	2,400	400	(130,600)
利益剰余金期末残高	(316,000)	(10,400)	(25,000)	(351,400)	0	20,000	0	0	10,000	3,000	800	(317,600)

※ 貸方にはカッコをつけて示している

図表 5-3-1　支配獲得日によるキャッシュ・フロー情報

支配獲得日	キャッシュ・フロー計算書の取込有無	支配獲得日の個別貸借対照表	増減明細の収集期間
期首	有	前期の貸借対照表	期首からの増減明細
第2四半期期首（第1四半期期末）	有	第1四半期の貸借対照表	第2四半期期首からの増減明細
第3四半期期首（第2四半期期末）	有	第2四半期の貸借対照表	第3四半期期首からの増減明細
第4四半期期首（第3四半期期末）	有	第3四半期の貸借対照表	第4四半期期首からの増減明細
期末	無	（不要）	（不要）

(2) 新規連結子会社取得による収入（または支出）

① 子会社を設立したケース

　新規に子会社を設立したことにより連結子会社となった場合には，子会社側では資本増加に伴う収入があり，一方，親会社側では子会社株式取得に伴う支出があります。連結ベースで考えると，これらのキャッシュ・フローは内部取引であるため，連結キャッシュ・フロー計算書上は消去します。ただし，100％子会社でない場合には，非支配株主からの収入は連結キャッシュ・フロー計算書上も収入となるため，「非支配株主からの払込収入」として，財務活動によるキャッシュ・フローの区分に表示します。

第5章 新規連結子会社に関する検討事項

設例5-3-1　子会社を設立した場合の連結キャッシュ・フロー精算表

以下の前提条件に基づいて，連結キャッシュ・フロー精算表を作成しなさい。
（前提条件）
・P社は当期首に80,000を出資してX社を設立した。
・X社の設立時の資本金は100,000であり，20,000は外部の株主から払い込まれたものである。

【解説】

a．原則法の場合

原則法で連結キャッシュ・フロー計算書を作成する場合，各社の個別キャッシュ・フロー計算書を合算した後，内部取引を消去して連結キャッシュ・フロー計算書を作成します。よって，新規に子会社を設立した場合，親会社が計上した子会社株式取得による支出と子会社が計上した株式発行による収入は内部取引であるため，消去します。

なお，この例では100％子会社ではなく，20％は外部の株主が払い込んだ金額であるため，子会社株式取得による支出と相殺消去されない金額を「非支配株主からの払込収入」に振り替えます。

【解答】　原則法による連結キャッシュ・フロー精算表の作成イメージ

	P社個別 C/F	X社個別 C/F	合算	内部取引 消去	連結 C/F
子会社株式取得による支出	(80,000)		(80,000)	80,000	0
株式発行による収入		100,000	100,000	(100,000)	0
非支配株主からの払込収入				20,000	20,000

b．簡便法の場合

簡便法で連結キャッシュ・フロー計算書を作成する場合，前期の連結貸借対照表と当期の連結貸借対照表の差額から連結キャッシュ・フロー計算書を作成

します。このとき，子会社株式は前期も当期も投資と資本の相殺消去で連結上は消去されるため残高はありません。また，子会社の資本金も上記の投資勘定と相殺消去されるため，連結貸借対照表には親会社の資本金のみが計上されています（下記【解答】では，親会社の資本金が前期も当期も500,000であった前提となっています）。

一方，新規に連結子会社となり一部が外部株主であることから，連結上消去される子会社の資本金のうち一部が非支配株主持分として計上されます。当期の連結貸借対照表にこの部分が前期と当期の差額として計算されるため，この金額を「非支配株主からの払込収入」に振り替えます。

【解答】 簡便法による連結キャッシュ・フロー精算表の作成イメージ

	前期 連結B/S	当期 連結B/S	差額	非支配株主 持分の振替	連結C/F
連結貸借対照表					
子会社株式	0	0	0		0
：					
資本金	(500,000)	(500,000)	0		0
：					
非支配株主持分	0	(20,000)	(20,000)	20,000	0
連結キャッシュ・フロー計算書					
：					
非支配株主からの払込収入				20,000	20,000

なお，当期純利益の按分で新たに発生した非支配株主持分は，連結貸借対照表上は利益剰余金との振替金額であるため，連結キャッシュ・フロー計算書には何も表示はされません。

(参考) 上記設例に以下の追加条件を加えた場合
(追加条件) 子会社の当期純利益は1,000であった（税金等は発生していない）。

	前期連結B/S	当期連結B/S	差額	税金等調整前当期純利益	非支配株主持分の振替	当期純利益の按分	連結C/F
連結貸借対照表							
子会社株式	0	0	0				0
：							
資本金	(500,000)	(500,000)	0				0
：							
利益剰余金		(800)	(800)	1,000		(200)	0
非支配株主持分	0	(20,200)	(20,200)		20,000	200	0
連結キャッシュ・フロー計算書							
税金等調整前当期純利益				1,000			1,000
非支配株主からの払込収入					20,000		20,000

② 株式取得等により支配を獲得したケース

　株式を取得したことにより支配を獲得し，連結子会社とした場合には，株式を取得したことにより資金が減少する一方，新規連結子会社が支配獲得日に保有していた現金及び現金同等物の額が増加します。よって，株式取得による資金の減少のほうが新規子会社の支配獲得日の資金よりも大きい場合には「新規連結子会社の取得による支出」となり，逆に小さい場合には「新規連結子会社の取得による収入」として，投資活動によるキャッシュ・フローの区分に表示します。

　ただし，このときの株式購入に伴う資金の支出額に，取得関連費用が含まれている場合には，取得関連費用の支出部分は「営業活動によるキャッシュ・フロー」の区分に表示し，それ以外の部分と新規連結子会社の支配獲得日の資金の額との差額を「投資活動によるキャッシュ・フロー」の区分に表示します。

> ### 設例5-3-2　株式取得等により支配を獲得した場合の連結キャッシュ・フロー精算表
>
> 以下の前提条件に基づいて，連結キャッシュ・フロー精算表を作成しなさい。
> （前提条件）
> ・P社は当期首に，X社の株式80株（80％）を50,000で取得し，連結子会社とした。
> ・P社のX社株式取得原価のうち，20,000はアドバイザリー等に支払った手数料であった。
> ・P社およびX社ともに3月決算であり，支配獲得日のX社の純資産は，資本金10,000，資本剰余金10,000，利益剰余金15,000であった。
> ・X社の支配獲得時の現金及び預金（現金及び現金同等物と範囲は同じ）は35,900であった。

【解説】

この例では，P社が当期に50,000のキャッシュを支出しています。このうち20,000は連結上は費用として計上されますので，営業活動によるキャッシュ・フローの区分に表示します。残りの30,000は子会社株式の取得に関して支出した金額です。一方，そのとき（支配獲得時）のX社の現金及び預金は35,900であるため，この金額との差額が連結キャッシュ・フロー計算書上の「新規連結子会社の取得による収入」になります。

図表5-3-2　株式取得による支出と支配獲得時のキャッシュ・フローの関係

> 子会社株式取得による支出＜支配獲得時の子会社の現金及び現金同等物
> 　⇒差額は「新規連結子会社の取得による収入」
> 子会社株式取得による支出＞支配獲得時の子会社の現金及び現金同等物
> 　⇒差額は「新規連結子会社の取得による支出」

a．原則法の場合

原則法の場合，P社の個別キャッシュ・フロー計算書で計上されている「新規連結子会社の取得による支出」の金額のうち，取得関連費用の分を営業活動によるキャッシュ・フロー（税金等調整前当期純利益）に振り替えます。残っ

た金額について，子会社の現金及び現金同等物の期首残高と相殺し，差額を「新規連結子会社の取得による収入」に振り替えます。

【解答】 原則法による連結キャッシュ・フロー精算表の作成イメージ

	P社 個別C/F	X社 個別C/F	合算	取得関連費用の振替	新規子会社の現金及び現金同等物の振替	連結C/F
税金等調整前当期純利益	XXX	XXX	XXX	(20,000)		XXX
新規連結子会社の取得による支出	(50,000)		(50,000)	20,000	30,000	0
新規連結子会社の取得による収入			0		5,900	5,900
現金及び現金同等物の期首残高	XXX	35,900	35,900		(35,900)	XXX

b．簡便法の場合

簡便法の場合，前期の連結貸借対照表には新規連結子会社の貸借対照表金額は含まれていませんが，当期の連結貸借対照表に新規連結子会社の当期末の貸借対照表の金額が含まれることになります。

この場合，単純に前期と当期の差額を取ってしまうと，新規連結子会社の当期末残高が全額キャッシュ・フローとして認識されてしまいます。よって，新規連結子会社の支配獲得時の貸借対照表金額を，前期と当期の連結貸借対照表の差額から控除する必要があります。

今回の数値例において，以下の追加条件を加味して連結キャッシュ・フロー精算表を作成してみましょう。

(追加条件)
・当期末のＸ社の個別貸借対照表は以下のとおりであった（資本取引以外の内部取引は生じていない）。

個別貸借対照表

現金及び預金	39,200	買掛金	18,500
売掛金	23,500	長期借入金	20,000
貸倒引当金	(1,200)	資本金	10,000
商品	2,000	資本剰余金	10,000
土地	15,000	利益剰余金	20,000
資産合計	78,500	負債・純資産合計	78,500

・支配獲得時のＸ社の個別貸借対照表は以下のとおりであった（資本取引以外の内部取引は生じていない）。

個別貸借対照表

現金及び預金	35,900	買掛金	15,500
売掛金	18,500	長期借入金	20,000
貸倒引当金	(400)	資本金	10,000
商品	1,500	資本剰余金	10,000
土地	15,000	利益剰余金	15,000
資産合計	70,500	負債・純資産合計	70,500

【解答】 簡便法による連結キャッシュ・フロー精算表の作成イメージ

	前期連結 B/S	当期連結 B/S（新規連結子会社の影響のみ）	差額[※1]	新規連結子会社（支配獲得時）[※2]	差額（再計）[※3]	X社買取[※4]
連結貸借対照表						
現金及び預金		39,200	39,200	(35,900)	3,300	35,900
諸資産		39,300	39,300	(34,600)	4,700	
子会社株式	0	0	0		0	
のれん		2,000	2,000		2,000	(2,000)
諸負債		(38,500)	(38,500)	35,500	(3,000)	
資本金	(500,000)	(500,000)	0	10,000	10,000	(10,000)
資本剰余金			0	10,000	10,000	(10,000)
利益剰余金			0	15,000	15,000	(15,000)
非支配株主持分	0	(7,000)	(7,000)		(7,000)	7,000
連結キャッシュ・フロー計算書						
：						
新規連結子会社の取得による収入						5,900

- ※1　単純に前期と当期の連結貸借対照表の差額をとってしまうと，新規連結子会社の当期末残高が全額差額に含まれてしまう
- ※2　上記に含まれている新規連結子会社の支配獲得時の残高の影響を排除する（支配獲得時の新規連結子会社の貸借対照表金額）
- ※3　※1から※2の影響額を排除した金額（この金額があるべき当期のキャッシュ・フローの金額となる）
- ※4　※2で影響を排除した金額のうち，投資と資本の消去で消去されている金額および新たに発生した金額（のれんと非支配株主持分の増減）を加味し，支配獲得時の新規連結子会社の現金及び現金同等物の金額と相殺する（差額が「新規連結子会社の取得による収入」となる）

③　非連結子会社の重要性が増して当期から連結子会社とした場合

重要性が増したことにより，非連結子会社を当期の期首から連結範囲に含めた場合には，当期における株式取得による資金の減少はないため，当該連結子会社の期首の資金の金額を「新規連結に伴う現金及び現金同等物の増加額」と

して，現金及び現金同等物期首残高の下に表示します。

設例 5 - 3 - 3　**非連結子会社の重要性が増して当期から連結子会社とした場合の連結キャッシュ・フロー精算表**

以下の前提条件に基づいて，連結キャッシュ・フロー精算表を作成しなさい。
（前提条件）
・P 社は X0年 3 月31日に，X 社の株式100％を30,000で取得していたが，重要性が低いため非連結子会社としていた。
・P 社および X 社ともに 3 月決算であり，支配獲得日（X0年 3 月31日）の X 社の純資産は，資本金10,000，資本剰余金10,000，利益剰余金10,000であった。
・当期より X 社の重要性が増したため，当期首から連結子会社とすることとした。
・X 社の当期首の現金及び預金（現金及び現金同等物と範囲は同じ）は35,900であった。

【解説】

a．原則法の場合

　非連結子会社を連結子会社とした場合，親会社側では新規に株式を取得したわけではないため，親会社の個別キャッシュ・フロー計算書上には「新規連結子会社の取得による支出」は計上されません。

　よって，当該子会社が期首に保有している現金及び現金同等物の金額を「新規連結に伴う現金及び現金同等物の増加額」に振り替えます。

【解答】　原則法による連結キャッシュ・フロー精算表の作成イメージ

	P社 個別 C/F	X社 個別 C/F	合算	新規子会社の 現金及び現金 同等物の振替	連結 C/F
新規連結子会社の取得による支出			0		0
現金及び現金同等物の期首残高	xxx	35,900	35,900	(35,900)	xxx
新規連結に伴う現金及び現金同等物の増加額			0	35,900	35,900

b．簡便法の場合

簡便法の場合には，②と同様に当期末の連結貸借対照表の金額の中に当該子会社の期末残高が全額含まれるため，当期首の金額分だけ調整を行う必要があります。

今回の数値例において，以下の追加条件を加味して連結キャッシュ・フロー精算表を作成してみましょう。

（追加条件）
・当期末のX社の個別貸借対照表は以下のとおりであった（資本取引以外の内部取引は生じていない）。

個別貸借対照表

現金及び預金	39,200	買掛金	18,500
売掛金	23,500	長期借入金	20,000
貸倒引当金	(1,200)	資本金	10,000
商品	2,000	資本剰余金	10,000
土地	15,000	利益剰余金	20,000
資産合計	78,500	負債・純資産合計	78,500

・当期首のX社の個別貸借対照表は以下のとおりであった（資本取引以外の内部取引は生じていない）。

個別貸借対照表

現金及び預金	35,900	買掛金	15,500
売掛金	18,500	長期借入金	20,000
貸倒引当金	(400)	資本金	10,000
商品	1,500	資本剰余金	10,000
土地	15,000	利益剰余金	15,000
資産合計	70,500	負債・純資産合計	70,500

【解答】 簡便法による連結キャッシュ・フロー精算表の作成イメージ

	前期連結B/S	当期連結B/S（新規連結子会社の影響のみ）	差額※1	新規連結子会社（期首）※2	差額（再計）※3	X社買取※4
連結貸借対照表						
現金及び預金		39,200	39,200	(35,900)	3,300	35,900
諸資産		39,300	39,300	(34,600)	4,700	
子会社株式	30,000	0	(30,000)		(30,000)	30,000
諸負債		(38,500)	(38,500)	35,500	(3,000)	
資本金	(500,000)	(500,000)	0	10,000	10,000	(10,000)
資本剰余金			0	10,000	10,000	(10,000)
利益剰余金		(5,000)	(5,000)	15,000	10,000	(10,000)
連結キャッシュ・フロー計算書						
：						
新規連結に伴う現金及び現金同等物の増加高						35,900

※1 単純に前期と当期の連結貸借対照表の差額をとってしまうと，新規連結子会社の当期末残高が全額差額に含まれてしまう
※2 上記に含まれている新規連結子会社の当期首の残高の影響を排除する（当期首の新規連結子会社の貸借対照表金額）
※3 ※1から※2の影響額を排除した金額（この金額があるべき当期のキャッシュ・フローの金額となる）
※4 ※2で影響を排除した金額のうち，投資と資本の消去で消去されている金額および新たに発生した金額を相殺し，当期首の新規連結子会社の現金及び現金同等物の金額を「新規連結に伴う現金及び現金同等物の増加高」に振り替える

(3) キャッシュ・フロー内部取引の消去

連結貸借対照表，連結損益計算書を作成する場合と同様に，連結キャッシュ・フロー計算書を作成する場合にも，グループ会社間で生じた内部取引は消去します。

よって，新規連結子会社がある場合，支配獲得日から期末までに行われた

キャッシュ・フロー内部取引を消去する必要があります。

そのために，期末のグループ内債権債務残高だけでなく，支配獲得日のグループ内債権債務残高も収集しておく必要があります。

> **設例5－3－4　連結キャッシュ・フロー計算書の作成**
>
> 以下の前提条件に基づいて，連結キャッシュ・フロー精算表を作成しなさい。
> （前提条件）
> ・P社は当期首からX社を連結子会社とした。
> ・P社およびX社の前期および当期の売掛金は以下のとおりである。
>   前期売掛金残高：（P社）5,000，（X社）2,000（合計）7,000
>   当期売掛金残高：（P社）7,500，（X社）3,000（合計）10,500
> ・P社の前期および当期売掛金残高のうち，X社に対するものはそれぞれ1,500，2,000である。
> ・X社の売掛金は前期・当期ともに，P社以外の連結外部者に対するものである。

【解説】

それではこの数値例に基づいて，当期の連結キャッシュ・フロー計算書における売上債権の増減額がいくらになるかを考えてみましょう。P社の子会社はX社しかないものとします。

まず，前期と当期の連結貸借対照表上の売掛金残高がいくらになるかを計算してみましょう。

> ・前期売掛金残高：5,500（5,000（P社）＋2,000（X社）－1,500（内部取引高）
>   ＝5,500）
> ・当期売掛金残高：8,500（7,500（P社）＋3,000（X社）－2,000（内部取引高）
>   ＝8,500）

よって，当期の連結キャッシュ・フロー計算書における売上債権の増減額は△3,000（売上債権の増加に伴う支出（△））となります。

ここで少し考えてみましょう。上記で前期売掛金残高を計算しましたが，これは前期の連結貸借対照表の金額でしょうか？

X社は当期の期首から連結子会社となったわけですから，前期の連結貸借対照表の金額の中にはX社の金額は含まれていません。よって，この例題における前期売掛金残高は前期の連結貸借対照表の金額ではなくキャッシュ・フロー作成のために計算した金額です。

このように，新規連結子会社がある場合，支配獲得日における内部の債権債務残高も合わせて収集することにより，支配獲得日の連結貸借対照表のあるべき残高を計算することができ，ひいては当期の連結キャッシュ・フロー計算書の金額を算出することができるのです。

【解答】 連結キャッシュ・フロー精算表（簡便法）

勘定科目	前期 連結B/S ①	当期 連結B/S ②	差額 ③＝ ②－①	前期 X社残高 ④	前期 内部取引 ⑤	当期 連結C/F ⑥＝ ③－(④＋⑤)
売掛金	5,000	8,500	3,500	2,000	(1,500)	3,000
売上債権の増減額						△3,000

(4) 連結キャッシュ・フロー精算表の作成

それでは簡単な数値例を用いて，連結キャッシュ・フロー精算表を作成してみましょう。

設例5-3-5　連結キャッシュ・フロー精算表の作成

以下の前提条件に基づいて，当期（X1年3月31日）の連結キャッシュ・フロー精算表を完成させなさい。
（前提条件）
・P社およびX社は3月決算会社である。
・P社はX0年4月1日に，X社の株式80株（80％）を50,000で取得し，連結子会社

とした。
- P社のX社株式取得原価のうち，20,000は取得関連費用であり，連結上は支払手数料に振り替える。
- X社の支配獲得時の貸借対照表は，以下のとおりであった。

個別貸借対照表
X0年3月31日

現金及び預金	35,900	買掛金	15,500
売掛金	18,500	長期借入金	20,000
貸倒引当金	(400)	資本金	10,000
商品	1,500	資本剰余金	10,000
土地	10,000	利益剰余金	10,000
資産合計	65,500	負債・純資産合計	65,500

- X社の支配獲得時の資産および負債のうち，簿価と時価が異なるものは土地のみであり，その時価は15,000であった（税効果は考慮しない）。
- 前期は，P社単体のみであり，その金額は解答用紙に記載している。
- P社およびX社の債権債務残高は長期貸付金と長期借入金のみであり，支配獲得以前からP社はX社に対して20,000の長期貸付けを行っている（利息の受払いは考慮しない）。
- P社およびX社の各勘定科目の増減明細は以下のとおりであった。

P社の勘定科目増減明細

勘定科目	期首残高	当期増加	当期減少	減価償却	期末残高
土地	30,000	※1 20,000			50,000
建物	92,400	※1 124,200		8,600	208,000
長期貸付金	※2 168,000	15,000	40,500		※2 142,500
長期借入金	224,000	150,000	46,500		327,500

※1 土地および建物の当期取得（当期増加）にあたり，期末現在未払いは存在しない
※2 長期貸付金の期首残高および期末残高には，X社に対するものが20,000含まれている

X社の勘定科目増減明細

勘定科目	期首残高	当期増加	当期減少	減価償却	期末残高
土地	10,000	0	0	0	10,000
長期借入金	※20,000	0	0	0	※20,000

※ 長期借入金の期首残高および期末残高には，P社に対するものが20,000含まれている
- 当期の連結精算表は以下のとおりであった。

当期の連結精算表

勘定科目	P社	X社	合算	子会社の資産および負債の時価評価	取得関連費用の振替	投資と資本の消去	当期純利益の按分	のれんの償却	内部取引の消去	未実現損益の消去	連結財務諸表
貸借対照表											
現金及び預金	478,600	39,200	517,800								517,800
売掛金	481,250	23,500	504,750								504,750
貸倒引当金	(12,000)	(1,200)	(13,200)								(13,200)
商品	29,250	2,000	31,250							(500)	30,750
土地	50,000	10,000	60,000	5,000							65,000
建物	208,000		208,000								208,000
のれん	0		0			2,000		(200)			1,800
長期貸付金	142,500		142,500						(20,000)		122,500
子会社株式	50,000		50,000		(20,000)	(30,000)					-
資産合計	1,427,600	73,500	1,501,100	5,000	(20,000)	(28,000)	0	(200)	(20,000)	(500)	1,437,400
買掛金	(401,200)	(18,500)	(419,700)								(419,700)
その他流動負債	(72,500)		(72,500)								(72,500)
長期借入金	(327,500)	(20,000)	(347,500)						20,000		(327,500)
資本金	(150,000)	(10,000)	(160,000)	0		10,000	0	0	0	0	(150,000)
資本剰余金	(150,000)	(10,000)	(160,000)	0		10,000	0	0	0	0	(150,000)
利益剰余金	(326,400)	(15,000)	(341,400)	0	20,000	10,000	1,000	200	0	500	(309,700)
評価差額	0		0	(5,000)		5,000					-
非支配株主持分	0		0			(7,000)	(1,000)				(8,000)
負債・純資産合計	(1,427,600)	(73,500)	(1,501,100)	(5,000)	20,000	28,000	0	200	20,000	500	(1,437,400)

第5章　新規連結子会社に関する検討事項

損益計算書									
売上高	(1,673,200)	(50,000)	(1,723,200)						(1,693,200)
売上原価	1,112,400	28,000	1,140,400			30,000	(30,000)	500	1,110,900
減価償却費	8,600		8,600						8,600
貸倒引当金繰入	4,700	800	5,500						5,500
のれん償却	0		0		200				200
支払手数料	0		0	20,000					20,000
その他販売費及び一般管理費	431,600	14,200	445,800						445,800
受取利息	(3,900)		(3,900)						(3,900)
為替差益	(9,000)		(9,000)						(9,000)
支払利息	6,400	2,000	8,400						8,400
法人税等	1,000		1,000						1,000
当期純利益	(121,400)	(5,000)	(126,400)	20,000	200	30,000	0	500	(105,700)
非支配株主損益	0		0		1,000				1,000
当期純利益（親会社株主損益）	(121,400)	(5,000)	(126,400)	20,000	1,000	30,000	0	500	(104,700)

※ 貸方にはカッコをつけて示している

【解答】

勘定科目	前期連結 B/S①	当期連結 B/S②	差額③=②-①	新規連結子会社 B/S④	新規連結子会社内部取引⑤	新規連結子会社考慮後 ⑥=③-(④+⑤)	税金等調整前当期純利益	減価償却費	貸倒引当金増減額
連結貸借対照表									
現金及び預金	393,200	517,800	124,600	35,900		88,700			
売掛金	427,600	504,750	77,150	18,500		58,650			
貸倒引当金	(9,200)	(13,200)	(4,000)	(400)		(3,600)			3,600
商品	24,600	30,750	6,150	1,500		4,650			
土地	30,000	65,000	35,000	10,000		25,000			
建物	92,400	208,000	115,600	0		115,600		8,600	
のれん	0	1,800	1,800	0		1,800		200	
長期貸付金	168,000	122,500	(45,500)	0	(20,000)	(25,500)			
子会社株式	0	0	0	0		0			
資産合計	1,126,600	1,437,400	310,800	65,500	(20,000)	(265,300)	0	8,800	3,600
買掛金	(318,000)	(419,700)	(101,700)	(15,500)		(86,200)			
その他流動負債	(79,600)	(72,500)	7,100	0		7,100			
長期借入金	(224,000)	(327,500)	(103,500)	(20,000)	20,000	(103,500)			
資本金	(150,000)	(150,000)	0	(10,000)		10,000			
資本剰余金	(150,000)	(150,000)	0	(10,000)		10,000			
利益剰余金	(205,000)	(309,700)	(104,700)	(10,000)		(94,700)	106,700		
評価差額		0		0		0			
非支配株主持分	0	(8,000)	(8,000)	0		(8,000)			
負債・純資産合計	(1,126,600)	(1,437,400)	(310,800)	(65,500)	20,000	(265,300)	106,700	0	0
合計	0	0	0	0	0	0	106,700	8,800	3,600

第5章 新規連結子会社に関する検討事項

支払利息受取利息	その他債権債務の増減額	固定資産の取得	貸付金	借入金	非支配株主損益	法人税等	X社買取(子会社株式)⑦	X社買取(子会社現金振替)⑧	現金及び預金の振替	連結キャッシュ・フロー計算書
								35,900	(124,600)	0
	(58,650)									0
										0
	(4,650)									0
		(20,000)					(5,000)			0
		(124,200)								0
							(2,000)			0
			25,500							0
										0
0	(63,300)	(144,200)	25,500	0	0	0	(7,000)	35,900	(124,600)	0
	86,200									0
	(7,100)									0
				103,500						0
							(10,000)			0
							(10,000)			0
					(1,000)	(1,000)	(10,000)			0
										0
					1,000		7,000			0
0	79,100	0	0	103,500	0	(1,000)	(23,000)	0	0	0
0	15,800	(144,200)	25,500	103,500	0	(1,000)	(30,000)	35,900	(124,600)	0

キャッシュ・フロー項目	税金等調整前当期純利益	減価償却費	貸倒引当金増減額
連結キャッシュ・フロー計算書			
税金等調整前当期純利益	106,700		
減価償却費		8,600	
のれん償却		200	
貸倒引当金の増減額			3,600
支払利息			
受取利息			
売上債権の増減額			
たな卸資産の増減額			
仕入債務の増減額			
その他流動負債の増減額			
為替差損益			
小計	106,700	8,800	3,600
利息の支払額			
利息および配当金の受取額			
法人税の支払額			
営業活動によるキャッシュ・フロー	106,700	8,800	3,600
固定資産の取得による支出			
新規連結子会社の取得による収入			
貸付けによる支出			
貸付けの返済による収入			
投資活動によるキャッシュ・フロー	0	0	0
借入れによる収入			
借入れの返済による支出			
財務活動によるキャッシュ・フロー	0	0	0
現金及び現金同等物の増減額	106,700	8,800	3,600
現金及び現金同等物の期首残高			
現金及び現金同等物の期末残高	106,700	8,800	3,600

第5章 新規連結子会社に関する検討事項

支払利息受取利息	その他債権債務の増減額	固定資産の取得	貸付金	借入金	非支配株主損益	法人税等	X社買取(子会社株式)⑦	X社買取(子会社現金振替)⑧	現金及び預金の振替	連結キャッシュ・フロー計算書
										106,700
										8,600
										200
										3,600
8,400										8,400
(3,900)										(3,900)
	(58,650)									(58,650)
	(4,650)									(4,650)
	86,200									86,200
	(7,100)									(7,100)
										0
4,500	15,800	0	0	0	0	0	0	0	0	139,400
(8,400)										(8,400)
3,900										3,900
						(1,000)				(1,000)
0	15,800	0	0	0	0	(1,000)	0	0	0	133,900
		(144,200)								(144,200)
							(30,000)	35,900		5,900
			(15,000)							(15,000)
			40,500							40,500
0	0	(144,200)	25,500	0	0	0	(30,000)	35,900	0	(112,800)
				150,000						150,000
				(46,500)						(46,500)
0	0	0	0	103,500	0	0	0	0	0	103,500
0	15,800	(144,200)	25,500	103,500	0	(1,000)	(30,000)	35,900	0	124,600
									393,200	393,200
0	15,800	(144,200)	25,500	103,500	0	(1,000)	(30,000)	35,900	393,200	517,800

【解説】

① 前期連結貸借対照表の金額

前期の連結貸借対照表の金額を記入します。借方プラス，貸方マイナスとして入力します。

② 当期連結貸借対照表の金額

当期の連結貸借対照表の金額を記入します。借方プラス，貸方マイナスとして入力します。

③ 差額

②当期連結貸借対照表の金額から①前期連結貸借対照表の金額を差し引きます。

④ 新規連結子会社の支配獲得時貸借対照表の金額

新規連結子会社の支配獲得時の貸借対照表金額を記入します。①および②と同様に借方プラス，貸方マイナスとして入力します。

⑤ 新規連結子会社との内部取引高の消去（支配獲得時）

支配獲得時の残高に内部取引額がある場合には，それを消去します（当設例では長期借入金と長期貸付金）。

⑥ 新規連結子会社の支配獲得時貸借対照表金額考慮後の差額

③差額から④と⑤を控除します。新規連結子会社がある場合，①前期連結貸借対照表には新規連結子会社の金額は含まれず，②当期連結貸借対照表には新規連結子会社の金額が含まれているため，単純に差し引いた金額だけでは，③差額の中に新規連結子会社の当期末残高が全額含まれてしまいます。よって，③差額から④新規連結子会社の貸借対照表金額を控除します。また，支配獲得時の残高の中に内部取引高がある場合には，この影響も排除するため，⑤の金額も合わせて計算します。この⑥の金額が，当期の各キャッシュ・フローの金額となります。

⑦ Ｘ社買取に関する調整（子会社株式）

Ｘ社の買取に関するキャッシュ・フロー上の調整について，ここでは⑦Ｘ社買取に関する調整（子会社株式）と⑧Ｘ社買取に関する調整（子会社現金

振替）に分けて解説します。

まず、⑦では、子会社株式の取得金額をキャッシュ・フロー項目の「新規連結子会社の取得による収入」に振り替えます。連結貸借対照表においては子会社株式は連結上全額消去されてしまうため、③差額には子会社株式の金額は含まれていません。その代わりに、新規子会社の資本金および連結上ののれん、非支配株主持分が増減しています。それらの関連する勘定科目の増減額をこの列で調整します。具体的には、当期の子会社の資産および負債の時価評価仕訳と投資と資本の相殺消去仕訳のうち、子会社株式以外の金額をここで調整します。

（子会社の資産および負債の時価評価）

土　　地	5,000	評　価　差　額	5,000

（投資と資本の相殺消去）

資　本　金	10,000	子 会 社 株 式	30,000
資 本 剰 余 金	10,000	非支配株主持分	7,000
利 益 剰 余 金	10,000		
評 価 差 額	5,000		
の　れ　ん	2,000		

⑧　X社買取に関する調整（子会社現金振替）

次に、支配獲得時の子会社の現金及び現金同等物の金額を「新規連結子会社の取得による収入」に振り替えます。これにより、⑦で振り替えた親会社による支出額と⑧の支配獲得時の現金及び現金同等物の金額の差額が、連結上の「新規連結子会社の取得による収入」となります。今回は⑦と⑧で列を分けて記載しましたが、同じ列でまとめて調整しても結果は同じです。

第6章

在外子会社を連結する場合の検討事項

1 在外子会社を連結する際の留意点

新たに海外に進出し，在外子会社を新規に連結することになった場合など，最近，在外子会社の連結に関する質問をよく受けるようになりました。そこで，本章では在外子会社を連結する場合の手順について，整理したいと思います。

まずは在外子会社を連結する際の論点について確認しておきましょう。

(1) 決算期の論点

在外子会社の場合，親会社の決算日と異なる場合が多く見受けられます。最近は決算期を統一する会社も増えてきていますが，まだまだ実際は決算期が異なっている会社が多いようです。

よって，決算期が異なる会社を連結する場合には，決算期が異なるまま取り込むのか親会社の決算日に合わせて仮決算を行うか否か，決算期が異なるまま取り込む場合には内部取引消去差額はどのように調整するかなど，決算期が異なることによるいくつかの論点をあらかじめ検討しておく必要があります。

(2) 外貨換算の論点

在外子会社が作成する個別財務諸表は，在外子会社が存在する国での報告通貨で作成されています。よって，親会社および国内子会社の個別財務諸表と合算する場合には，まず，在外子会社の個別財務諸表を円に換算してから合算する必要があります。

(3) 資本連結の論点

　資本連結において，在外子会社固有の処理があります。具体的には，まず，投資と資本を相殺消去する際の在外子会社の資本をどのように換算するかという点です。詳細は後述しますが，投資と資本の相殺消去における支配獲得時の資本は，株式取得時の為替相場で換算することになっています。

　また，支配獲得時にのれんが生じている場合，在外子会社の取得によって生じたのれんは外貨で管理する必要があります。

(4) 内部取引の論点

　在外子会社を連結する場合，在外子会社の財務諸表は現地通貨で記帳されています。よって，内部取引についても現地通貨で報告されてくるため，取引自体に差額がなくても，換算の違いによって差額が生じます。この差額をどう調整するかという点が論点となります。

(5) 連結キャッシュ・フロー計算書作成時の論点

　連結キャッシュ・フロー計算書を作成する際，原則法であれば，親会社および子会社の個別キャッシュ・フロー計算書をまず合算し，その後，キャッシュ・フロー内部取引を消去して連結キャッシュ・フロー計算書を作成します。

　在外子会社がある場合には，個別キャッシュ・フロー計算書は報告通貨で作成されているため，まず円に換算してから合算する必要があります。

　また，簡便法で連結キャッシュ・フロー計算書を作成している場合には，当期の連結貸借対照表と前期の連結貸借対照表の差額から連結キャッシュ・フロー計算書を作成します。このとき，在外子会社の資産および負債は，連結貸借対照表上では決算日レートで換算されています。前期と当期の差額をとってしまうと，前期の決算日レートと当期の決算日レートのレート差が差額金額に

混在してしまうため，このレート差の影響を排除するための調整を行う必要があります。

このように，在外子会社が存在する場合には，国内子会社だけでは生じなかった論点がいくつか発生するため，ここではその特殊な部分を取り上げて詳しくみていきたいと思います。

2 親会社の決算日と異なる場合の調整方法の検討

在外子会社の場合，親会社の決算日と異なるケースがよくあります。よって，親会社と決算日が異なる場合に，連結上はどのようにして当該子会社の財務諸表を取り込むのかを検討しておく必要があります。

子会社の決算日が連結決算日と異なる場合，原則として，子会社は連結決算日に正規の決算に準ずる合理的な手続により決算を行う必要がありますが，子会社の決算日と連結決算日の差異が3ヵ月を超えない場合には，子会社の決算日における財務諸表をそのまま連結することができます。

よって，決算日が異なる在外子会社の財務諸表をそのまま取り込むのか，または，親会社の決算日に合わせて調整を行ってから取り込むのかをまず検討します。

なお，在外子会社の財務諸表をそのまま取り込むとした場合であっても，決算日が異なることから生じる連結会社間の取引に係る重要な不一致については，調整が必要となります。

例えば，営業活動に関して季節変動が激しくない場合には，決算日が異なることで，重要な不一致は生じませんが，季節変動が激しい場合には，重要な不一致が生じる可能性があります。決算日が異なることで内部取引に重要な不一致が生じている場合には，子会社側で認識していない取引を連結上でいったん

計上し，その後，内部取引の消去仕訳を行う必要があります。

また，財務活動については通常決算日が異なることで一方で計上され，一方で計上されていないということになると，連結財務諸表上，消去されずにそのまま残ってしまうため，いったん取引があったものとして連結消去・修正仕訳を行い，その後，内部取引の消去を行います。

それでは簡単な設例で確認しておきましょう。

設例6-2-1　決算日が異なり，重要な不一致が生じているケース

以下の前提条件に基づいて，当期の連結精算表において必要となる内部取引の消去仕訳（決算日が異なることで生じる差異の調整を含む）を行いなさい。
（前提条件）
- P社はX社を連結子会社としている。
- P社の決算日は3月31日，X社の決算日は12月31日である。
- P社は3月1日にX社に100ドルの長期貸付けを行った。
- P社の期末（3月末）におけるX社への長期貸付金は36,000円（300ドル）であった（決算日レート120円）。
- X社の期末（12月末）におけるP社からの長期借入金は200ドルであった。

【解答】

（決算日が異なることで生じる差異の調整仕訳）

現　　　　金	12,000	長 期 借 入 金	12,000

※　100ドル×@120円＝12,000

（債権債務の消去仕訳）

長 期 借 入 金	36,000※	長 期 貸 付 金	36,000

※　200ドル×@120円＋12,000（上記調整仕訳）＝36,000

図表6-2-1　当期の内部取引の状況

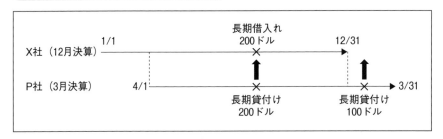

3　在外子会社の財務諸表の換算方法の検討

　在外子会社の財務諸表は，在外子会社の所在国における現地通貨で記帳されています。よって，親会社側では，まず，円貨に換算する必要があります。在外子会社の財務諸表の換算方法は以下のルールとなっています。

図表6-3-1　在外子会社の財務諸表の換算方法

項目	換算で利用する為替相場
資産および負債	決算時の為替相場（CR：カレントレート）
株式の取得時における株主資本，評価・換算差額等，子会社の資産および負債の評価差額	株式取得時の為替相場（HR：ヒストリカルレート）
株式の取得後に生じた株主資本	発生時の為替相場（HR：ヒストリカルレート）
株式の取得後に生じた評価・換算差額等に属する項目	決算時の為替相場（CR：カレントレート）
収益および費用	原則：期中平均相場（AR：アベレージレート） 容認：決算時の為替相場（CR：カレントレート） なお，親会社との取引による収益および費用の換算については，親会社が換算に用いる為替相場で換算する。この場合に生じる差額は当期の為替差損益として処理する。

上記の換算ルールによって在外子会社の財務諸表を換算した際に生じた差額は，「為替換算調整勘定」として純資産の部に計上します。

図表6-3-2　在外子会社の財務諸表の換算

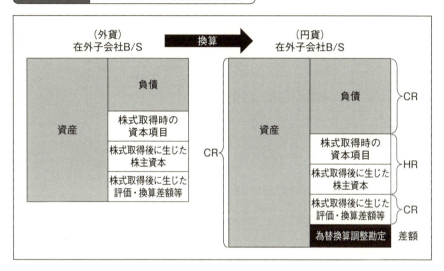

4　資本連結の留意点

(1) 新規連結時における留意点

① 在外子会社を設立したケース

在外子会社を新規に設立した場合，在外子会社の資本勘定は，親会社の株式取得時の為替相場で換算し，投資と資本の相殺消去を行います。

設例 6-4-1　在外子会社を設立したケース

以下の前提条件に基づいて，支配獲得時の仕訳を示しなさい。
（前提条件）
- Ｐ社は当期の期首に1,000ドルを出資してＸ社（在外子会社）を設立した（株式取得時の為替相場は１ドル100円）。
- Ｘ社はＰ社から出資を受けた金額を全額資本金として計上した。

【解答】

（投資と資本の相殺消去仕訳）支配獲得時

資　本　金	100,000	／	子会社株式	100,000

※　1,000ドル×@100円＝100,000

②　株式取得等により支配を獲得したケース

在外子会社の株式を取得したことによって支配を獲得した場合，支配獲得時における在外子会社の資本は株式取得日の為替相場で換算します。

また，ここで生じた差額は国内子会社の場合と同様に，借方差額の場合は「のれん」，貸方差額の場合は「負ののれん」として処理します。

設例 6-4-2　株式の取得等により支配を獲得したケース

以下の前提条件に基づいて，支配獲得時の仕訳を示しなさい。
（前提条件）
- Ｐ社は当期の期首に1,200ドルを出資してＸ社（在外子会社）の株式をすべて取得し，連結子会社とした（株式取得時の為替相場は１ドル100円）。
- 支配獲得時のＸ社の資本は，資本金500ドル，利益剰余金400ドルであった。
- 支配獲得時のＸ社の資産のうち，土地（簿価200ドル）の時価は300ドルであり，連結に伴って時価評価することとした（税効果は考慮しない）。

【解答】

(子会社の資産および負債の時価評価)

土　　　　地	100ドル	／	評　価　差　額	100ドル

※　300ドル－200ドル＝100ドル（X社の土地の評価差額）

(投資と資本の相殺消去仕訳)　支配獲得時

資　本　金	※2 50,000	子 会 社 株 式	※1 120,000
利 益 剰 余 金	※3 40,000		
評 価 差 額	※4 10,000		
の　れ　ん	※5 20,000		

※1　1,200ドル×@100円（株式取得時の為替相場）＝120,000
※2　500ドル×@100円（株式取得時の為替相場）＝50,000
※3　400ドル×@100円（株式取得時の為替相場）＝40,000
※4　100ドル×@100円（株式取得時の為替相場）＝10,000
※5　貸借差額

なお，在外子会社の取得によって生じたのれんは外貨で把握し，決算時において期末残高は決算時の為替相場で換算し，当期ののれん償却額は，期中平均相場または決算時の為替相場（損益計算書を換算する為替相場と同様）で換算する必要があります。

図表6-4-1　のれんの外貨金額の把握

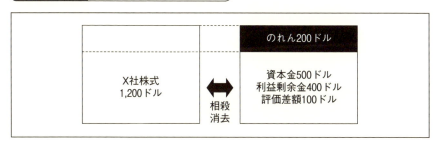

③ 非連結子会社の重要性が増して当期から連結会社としたケース

今まで連結していなかった在外子会社の重要性が増したことにより，当期から連結する場合，当該在外子会社の資本をどのレートで換算するのかが論点となります。以下の設例で考えてみましょう。

設例6-4-3　非連結子会社の重要性が増して当期から連結会社としたケース

以下の前提条件に基づいて，当期（決算日：X3年3月31日）の支配獲得時の仕訳を示しなさい。
（前提条件）
- P社はX0年3月末に1,000ドルを出資してX社（在外子会社）を設立した（株式取得時の為替相場は@100円）。
- X社はP社から出資を受けた金額を全額資本金として計上した。
- X社は重要性が低かったため前期までは連結しておらず，重要が増したため当期の期首から連結することとなった。
- 期首のX社の資本勘定は資本金1,000ドル，利益剰余金400ドルであり，利益剰余金の内訳は，X1年3月期に計上したもの200ドル，X2年3月期に計上したもの200ドルであった。
- X1年3月期，X2年3月期の期中平均為替相場は，それぞれ@110円，@120円であった。
- X2年3月期の決算時の為替相場は@125円であった。

【解答】

（投資と資本の相殺消去）支配獲得時

資　本　金	100,000 ／ 子会社株式	100,000

　※　1,000ドル×@100円＝100,000

なお，当期から新規に連結することにより，期首の利益剰余金が増加します。この時の利益剰余金増加額は以下のように計算します。

第6章 在外子会社を連結する場合の検討事項 245

図表6-4-2　利益剰余金の増加額の計算

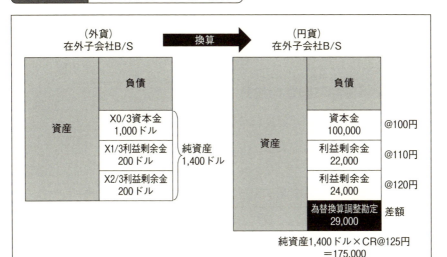

※　利益剰余金＝200ドル（X1年3月期）×＠110円＋200ドル（X2年3月期）×＠120円
　＝46,000
　なお，上記金額は，連結株主資本等変動計算書上，「連結範囲の変動に伴う子会社剰余金の増加高」として表示します。

また，期首の為替換算調整勘定は以下のように計算します

図表6-4-3　期首（X2年4月1日）の在外子会社の資本勘定

勘定科目	外貨	発生時の為替相場	円貨	決算時の為替相場		為替換算調整勘定
	①	②	③＝①×②	④	⑤＝①×④	⑥＝⑤－③
資本金	1,000ドル	＠100円	100,000	＠125円	125,000	25,000
利益剰余金	200ドル	＠110円	22,000	＠125円	25,000	3,000
利益剰余金	200ドル	＠120円	24,000	＠125円	25,000	1,000
純資産合計	1,400ドル	－	146,000	＠125円	175,000	29,000

上記の表での29,000が非連結子会社を連結したことに伴い増加した期首の為

替換算調整勘定となります。

また，期末の為替換算調整勘定と上記で計算した期首の為替換算調整勘定の差額が，当期の包括利益となります。

(2) 為替換算調整勘定の按分

在外子会社が100％子会社ではない場合，当期純損益と同様に為替換算調整勘定についても非支配株主持分に按分する必要があります。

設例6－4－4　在外子会社を設立したケース（100％子会社でない場合）

以下の前提条件に基づいて，支配獲得時の仕訳，当期純利益の按分仕訳，為替換算調整勘定の按分仕訳を示しなさい。

（前提条件）
- P社は当期の期首に800ドルを出資してX社（在外子会社）を設立し，連結子会社とした（株式取得時の為替相場は1ドル100円）。
- X社はP社および他の会社から1,000ドルの出資を受け，全額資本金として計上した（P社の持分比率は80％）。
- X社の当期純利益は50ドルであった。
- 当期の期中平均レートは1ドル110円，決算日レートは1ドル120円であった。

【解答】

（投資と資本の相殺消去）

資　本　金	100,000	子 会 社 株 式	※1 80,000
		非支配株主持分	※2 20,000

※1　800ドル×@100円＝80,000
※2　1,000ドル×@100円×20％＝20,000

（当期純利益の按分）

非支配株主損益	1,100	非支配株主持分	1,100

※　50ドル×@110円（期中平均レート）×20％＝1,100

(為替換算調整勘定の按分)

為替換算調整勘定	4,100	/	非支配株主持分	4,100

※ 20,500×20％＝4,100

なお，為替換算調整勘定は以下のように計算します。

図表6-4-4　為替換算調整勘定の計算

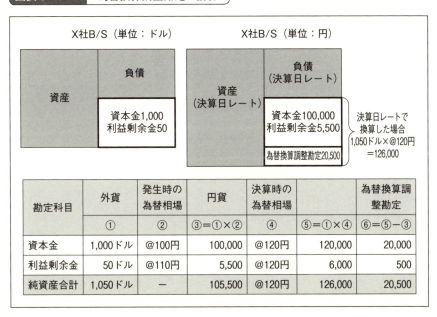

当期の為替換算調整勘定は20,500円となります。なお，この発生元は上記表を見てわかるとおり，資本金および利益剰余金の決算時の為替相場と発生時の為替相場との差の合計額となっています。

それでは，以下の親会社Ｐ社の純資産情報も加味して当期末における連結貸借対照表の純資産を確認しておきましょう。

（追加情報）
・当期末のＰ社の純資産は，資本金500,0000，利益剰余金50,000であった。

図表6-4-5　当期の連結貸借対照表

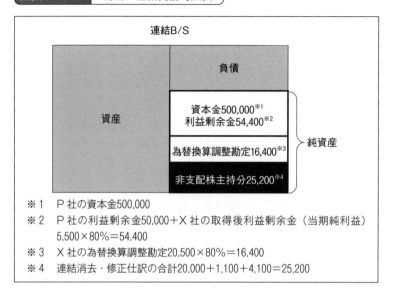

※1　P社の資本金500,000
※2　P社の利益剰余金50,000＋X社の取得後利益剰余金（当期純利益）
　　　5,500×80％＝54,400
※3　X社の為替換算調整勘定20,500×80％＝16,400
※4　連結消去・修正仕訳の合計20,000＋1,100＋4,100＝25,200

なお，結果として非支配株主持分の金額は，在外子会社X社の期末純資産を決算日レートで換算した金額のうち親会社持分以外の金額となります。

（1,000ドル＋50ドル）×＠120円×20％＝25,200

(3) 外貨建のれんの処理

　在外子会社の取得によって生じたのれんは，現地の報告通貨で把握し，決算日における残高は決算日のレートで換算し，当期の償却額は損益計算書の換算で用いたレートと同様のレート（原則：期中平均レート，容認：決算日レート）で換算し，差額は為替換算調整勘定で処理をします。
　よって，在外子会社の取得によってのれんが発生した場合には，外貨建のれん管理表をあらかじめ作成しておく必要があります。
　例えば，以下の前提条件に基づいて外貨建のれん管理表を作成すると，図表6-4-6のようになります。

（前提条件）
・在外子会社を当期首に取得し，発生したのれんは150ドルであった。
・当該のれんについて3年間で定額法により償却する（1年間の償却額50ドル）。

図表6－4－6　外貨建のれん管理表のサンプル

項目	発生額	1年目償却	1年目残高	2年目償却	2年目残高	3年目償却	3年目残高
のれん（外貨金額）（単位：ドル）							
① のれん（外貨）	150	50	100	50	50	50	0
換算レート（毎期入力）…当サンプルではすべて入力済み							
HR（取得時レート）	@100円	@100円	@100円	@100円	@100円	@100円	@100円
AR（期中平均レート）		@105円		@103円		@110円	
CR（決算日レート）			@110円		@108円		@112円
のれん（円貨金額）（単位：円）							
② のれん償却額（円貨）		5,250		5,150		5,500	
③ のれん残高（円貨）	15,000		11,000		5,400		0
為替換算調整勘定（単位：円）							
④ 為替換算調整勘定(発生)		250	1,000	150	400	500	0
⑤ 為替換算調整勘定(増減)			1,250		−450		100
⑥ 為替換算調整勘定(残高)			1,250		800		900

外貨建のれん管理表の各項目は以下の内容を記入します。

① **のれん（外貨）**

発生したのれんは外貨で管理しておく必要があります。各年度における外貨建ての償却額および外貨建ての残高をあらかじめ管理表に記入しておきます。

なお，四半期決算の場合は，四半期ごとの償却額と残高を外貨で把握できるよう管理表を作成しておく必要があります。

②　のれん償却額（円貨）

当期の連結損益計算書に計上するのれん償却額が把握できるよう，円貨を計算します。具体的には，損益計算書を期中平均レートで換算している場合には，のれん償却額も期中平均レートで換算する必要があります（この金額が各年度の連結損益計算書に計上されるのれん償却額となります）。

③　のれん残高（円貨）

当期の連結貸借対照表に計上するのれん残高が把握できるよう，円貨を計算します。具体的には，外貨建てののれん残高を決算日レートで換算した金額となります（この金額が各年度の連結貸借対照表に計上されるのれんの残高となります）。

④　為替換算調整勘定（発生）

②および③で確認したとおり，発生時は取得時レートで換算し，償却は期中平均レート，残高は決算日レートで換算するため，換算差額が生じます。この換算差額は為替換算調整勘定として計上します。為替換算調整勘定の金額は，取得時レートと期中平均レートまたは決算日レートとの差額です。よって，のれん償却額およびのれん残高の外貨金額に，取得時レートと各換算レートの差を乗じた金額が為替換算調整勘定の発生額となります。

例：1年度の為替換算調整勘定（発生）
　1年目償却　50ドル×（@105円−@100円）＝250
　1年目残高　100ドル×（@110円−@100円）＝1,000

---

⑤　為替換算調整勘定（増減）

実際の連結消去・修正仕訳は，期中平均レートで換算したのれん償却額をまずのれん勘定から減算し，決算日レートで換算したあるべきのれん残高になるように差額を為替換算調整勘定で調整します。

よって，管理表において当期の為替換算調整勘定の仕訳金額がいくらになるかがわかるように計算しておく必要があります。

具体的には，当期ののれん償却額とのれん残高から生じた為替の影響額と，前期末ののれん残高から生じた為替の影響額との差額が当期の為替換算調整勘定の増減額（当期の連結消去修正仕訳の金額）となります。

> 例：2年度の為替換算調整勘定（増減）
> 　1年度残高　　100ドル×(@110円−@100円)＝1,000
> 　2年度償却　　50ドル×(@103円−@100円)＝150
> 　2年度残高　　50ドル×(@108円−@100円)＝400
> よって，2年度の為替換算調整勘定の増減額は，(150＋400)−1,000＝△450

のれんの償却と換算に関する連結消去・修正仕訳を示すと以下のようになります。

1年目：

（のれん償却）

のれん償却	5,250 / のれん	5,250

（のれん残高の換算）

のれん	1,250 / 為替換算調整勘定	1,250

2年目：

（のれん償却）

利益剰余金期首残高	5,250 / のれん	5,250
のれん償却	5,150 / のれん	5,150

（のれん残高の換算）

のれん	1,250 / 為替換算調整勘定（期首）	1,250
為替換算調整勘定（増減）	450 / のれん	450

3年目：

(のれん償却)

| 利益剰余金期首残高 | 10,400 | / | の　れ　ん | 10,400 |
| の れ ん 償 却 | 5,500 | / | の　れ　ん | 5,500 |

(のれん残高の換算)

| の　れ　ん | 800 | / | 為替換算調整勘定（期首） | 800 |
| の　れ　ん | 100 | / | 為替換算調整勘定（増減） | 100 |

⑥　為替換算調整勘定（残高）

　外貨建のれんに関して生じた為替換算調整勘定の累積的影響額を把握しておきます。これにより，連結貸借対照表に計上された為替換算調整勘定のうち，のれんの換算から生じたものについてのチェックを行うことができます。

　また，のれんを取り崩すことになった場合，取り崩すべき為替換算調整勘定の金額を把握することができます。

例：2年度の為替換算調整勘定（残高）
　1年度：為替換算調整勘定（残高）1,250＝250＋1,000
　2年度：為替換算調整勘定（増減）△450＝(150＋400)－1,000
よって，2年度の為替換算調整勘定（残高）は，1,250－450＝800

　なお，為替換算調整勘定（残高）は，上記のように前期末残高から積み上げて計算することもできますが，以下のように発生時からの累計として計算することもできます。

2年度の為替換算調整勘定（残高）＝
1年度ののれん償却から生じた差額250＋2年度ののれん償却から生じた差額150＋2年度ののれん残高から生じた差額400＝800

(4) 支配獲得後の持分変動の処理

① 持分が増加したケース

支配獲得後に在外子会社株式を追加取得したこと等によって，在外子会社に対する持分が増加した場合には，国内子会社の場合と同様に，追加取得時における在外子会社の純資産のうちの追加取得持分と追加投資額との差額を資本剰余金として処理します。

② 持分が減少したケース

支配獲得後に在外子会社株式を一部売却したこと等によって，在外子会社に対する持分が減少（支配は継続）した場合には，国内子会社の場合と同様に，一部売却時における在外子会社の純資産に対する売却持分と売却価額との差額は資本剰余金として処理します。

なお，国内子会社との違いは，売却によってそれまで親会社持分として計上してきた為替換算調整勘定を取り崩して資本剰余金に振り替える必要がある点です。

よって，在外子会社が存在する場合には，以下のような管理表を用いて在外子会社の資本の動きとそれに対する親会社持分の動きを把握しておく必要があります。

例えば，下記の前提条件に基づいて在外子会社の資本管理表を作成すると，図表6-4-7のようになります。

（前提条件）
- P社は前期末に800ドルを出資してX社（在外子会社）を設立し，連結子会社とした（株式取得時の為替相場は1ドル100円）。
- X社はP社および他の会社から1,000ドルの出資を受け，全額資本金として計上した（P社の持分比率は80％）。
- X社の当期純利益は50ドルであった。
- 当期の期中平均レートは1ドル110円，決算日レートは1ドル120円であった。
- 当期末において，P社はX社株式の10％（100ドル，10,000）を，外部の第三者に10,600で売却し，子会社株式売却益600を計上した（税効果等は考慮しない）。

図表6-4-7　在外子会社の資本管理表のサンプル

項目	持分比率	資本金	利益剰余金	為替換算調整勘定	純資産合計
個別財務諸表金額					
当期首残高		100,000			100,000
当期純利益			5,500		5,500
当期為替換算調整勘定増減額				20,500	20,500
当期持分変動					0
当期末残高		100,000	5,500	20,500	126,000
親会社持分金額					
当期首残高	80.00%	80,000			80,000
当期純利益	80.00%		4,400		4,400
当期為替換算調整勘定増減額	80.00%			16,400	16,400
当期持分変動	−10.00%	−10,000	−550	−2,050	−12,600
当期末残高	70.00%	70,000	3,850	14,350	88,200

第6章 在外子会社を連結する場合の検討事項 255

非支配株主持分金額					
当期首残高	20.00%	20,000			20,000
当期純利益	20.00%		1,100		1,100
当期為替換算調整勘定増減額	20.00%			4,100	4,100
当期持分変動	10.00%	10,000	550	2,050	12,600
当期末残高	30.00%	30,000	1,650	6,150	37,800

それでは、図表6-4-7に従って、当期の持分変動時の連結消去・修正仕訳を確認しておきましょう。

(投資と資本の相殺消去) 支配獲得時

資 本 金	100,000	/	子 会 社 株 式	[※1]80,000
			非支配株主持分	[※2]20,000

※1 800ドル×@100円(取得時レート)=80,000
※2 1,000ドル×@100円(取得時レート)×20%=20,000

(当期純利益の按分)

非支配株主損益	1,100	/	非支配株主持分	1,100

※ 50ドル×@110円(期中平均レート)×20%=1,100

(為替換算調整勘定の按分)

為替換算調整勘定	4,100	/	非支配株主持分	4,100

※ 20,500×20%=4,100

(一部売却時(支配継続))

子 会 社 株 式	[※1]10,000	/	非支配株主持分	[※3]12,600
子会社株式売却益	[※2]600		資 本 剰 余 金	[※5]50
為替換算調整勘定	[※4]2,050			

※1 10,000(売却簿価(個別上の投資簿価))
※2 10,600-10,000=600(個別上の子会社株式売却益)
※3 (100,000+5,500+20,500)×10%=12,600(管理表の当期持分変動額)

※4　20,500×10％＝2,050（為替換算調整勘定の売却持分相当額）
※5　貸借差額　または　10,600（売却価額）－(12,600－2,050)＝50

　上記のように，為替換算調整勘定のうちの売却持分相当額は非支配株主持分に含めるため，親会社持分からは控除して非支配株主持分に振り替えます。

　結果として，資本剰余金の金額は，売却価額と売却持分から為替換算調整勘定を除いた金額との差額となります。

　このように一部売却によって，為替換算調整勘定は増減しますが，結果として資本剰余金に振り替えられただけであるため，当該金額は組替調整とはならず，連結株主資本等変動計算書項目の為替換算調整勘定の増減項目として表示します。

5　内部取引消去の調整方法の検討

　在外子会社との間で内部取引がある場合，差額をどのように処理するかをあらかじめ検討しておく必要があります。国内子会社との取引とは異なり，在外子会社との取引の場合には，取引高の認識の違いによる差額だけでなく，換算による差額が生じます。

　損益取引の消去と債権債務の消去について，それぞれ留意点を確認しておきましょう。

(1) 損益取引の消去

　在外子会社との間で損益取引が生じている場合，親会社は取引日のレートで換算した円貨金額で記帳しています。一方，在外子会社も取引日のレートで自国通貨に換算して記帳しています。決算日において在外子会社の損益計算書を連結する際，通常の損益項目は期中平均レートまたは決算日レートで換算して取り込みます。

このとき，親会社との取引高については親会社の取引日レートで換算した円貨金額に置き換え，換算レートとの差額は為替差損益として調整します。

> **設例 6－5－1　子会社の損益計算書の換算**
>
> 以下の前提条件に基づいて，Ｘ社の損益計算書を円に換算しなさい。
> （前提条件）
> ・Ｐ社はＸ社の発行済株式総数の100％を保有して連結子会社としている。
> ・X0年10月１日にＰ社はＸ社に商品100ドルを売り上げ，代金は掛けとした（取引日のレートは１ドル100円）。
> ・X0年12月１日にＰ社はＸ社に商品200ドルを売り上げ，代金は掛けとした（取引日のレートは１ドル110円）。
> ・X1年３月31日（決算日），Ｘ社の損益計算書は以下のとおりであった。
>
> Ｘ社　個別損益計算書　　　　　　　　　　（単位：ドル）
>
> | 売上原価 | 300 | 売上高 | 500 |
> |---|---|---|---|
> | 販売費及び一般管理費 | 150 | | |
> | 当期純利益 | 50 | | |
>
> ※　Ｘ社の売上原価は全額Ｐ社から仕入れたものである
>
> ・Ｐ社の売上高のうちＸ社に対するものは32,000であった。
> ・上記以外にＰ社とＸ社の取引は生じていない。
> ・X1年３月31日（決算日）の期中平均レートは１ドル105円であった。

【解答】

Ｘ社　個別損益計算書　　　　　　　　　　（単位：円）

売上原価	※2 32,000	売上高	※1 52,500
販売費及び一般管理費	※4 15,750	為替差益	※3 500
当期純利益	※5 5,250		

※１　500ドル×@105円＝52,500
※２　100ドル×@100円＋200ドル×@110円＝32,000（親会社で計上している円貨金額と同額）
※３　300ドル×@105円－32,000＝△500（為替差益）
※４　150ドル×@105円＝15,750
※５　50ドル×@105円＝5,250

【解説】

　この設例では，在外子会社の親会社との取引高は売上原価（仕入高）300ドルのみでした。この親会社との取引高については他の損益項目と同様に換算するのではなく，親会社で計上したときのレートで換算します（この場合は，100ドルは1ドル100円，200ドルは1ドル110円で換算）。このように換算することにより，その後の損益取引消去仕訳では換算による差額は生じないということになります。

（参考）　損益取引の消去

売　上　高	32,000	売　上　原　価	32,000

　一方，今と同様の数値例で，在外子会社の個別財務諸表の換算の際，特に親会社との取引高を意識せず換算した場合には次のようになります。

【個別損益計算書の換算】

X社　個別損益計算書　　　　　　　　　（単位：円）

売上原価	※31,500	売上高	52,500
販売費及び一般管理費	15,750		
当期純利益	5,250		

※　300ドル×@105円＝31,500

【損益取引の消去】

売　上　高	32,000	売　上　原　価	31,500
		為　替　差　益	※500

　個別損益計算書の換算の際，親会社との取引高を意識せずすべての科目を期中平均レート（または決算日レート）で換算した場合，損益取引の消去の際に換算による差額が生じます。

　この差額を為替差損益として処理することにより，結果として個別財務諸表の換算の際に親会社との取引高を区別して換算した場合と，そうでない場合とで同様の結果となります。

(2) 債権債務の消去

債権債務の消去は，理論上は換算による差額は生じません。以下の設例でまずは確認しておきましょう。

設例6-5-2　子会社の貸借対照表の換算

以下の前提条件に基づいて，X社の貸借対照表を円に換算しなさい。
(前提条件)
- P社はX社の発行済株式総数の100％を保有して連結子会社としている。
- 株式取得時のレートは1ドル100円であった。
- X0年10月1日にP社はX社に商品100ドルを売り上げ，代金は掛けとした（取引日のレートは1ドル100円）。
- X0年12月1日にP社はX社に商品200ドルを売り上げ，代金は掛けとした（取引日のレートは1ドル110円）。
- X1年3月31日（決算日），X社の貸借対照表は以下のとおりであった。

X社　個別貸借対照表　　　　　　　　　　（単位：ドル）

現金及び預金	100	買掛金	300
その他の資産	750	資本金	500
		利益剰余金	50

※　X社の買掛金は全額P社に対するものである

- 上記以外にP社とX社の取引は生じていない。
- X1年3月31日（決算日）の決算日レートは1ドル120円，期中平均レートは1ドル105円であった。
- X社の利益剰余金は全額当期純利益である。

【解答】

X社　個別貸借対照表　　　　　　　　　　（単位：円）

現金及び預金	※1 12,000	買掛金	※3 36,000
その他の資産	※2 90,000	資本金	※4 50,000
		利益剰余金	※5 5,250
		為替換算調整勘定	※6 10,750

※1　100ドル×@120円＝12,000（決算日レートで換算）

※2　750ドル×@120円＝90,000（決算日レートで換算）
※3　300ドル×@120円＝36,000（決算日レートで換算）
※4　500ドル×@100円＝50,000（発生日レートで換算）
※5　50ドル×@105円＝5,250（期中平均レートで換算）
※6　貸借差額または純資産の換算差額（下記参照）

勘定科目	外貨 ①	取得時レートまた は期中平均レート ②	決算日 レート ③	換算差額 ④＝①× (③−②)
資本金	500ドル	@100円	@120円	10,000
利益剰余金	50ドル	@105円	@120円	750
為替換算調整勘定				10,750

【解説】

　この設例では，在外子会社の親会社との残高は買掛金300ドルのみでした。

　貸借対照表の資産および負債は，決算日レートで換算することとされているため，この親会社との残高についても同様に決算日レートで換算します。よって，在外子会社の親会社向け買掛金は36,000円（300ドル×@120円）となります。

　一方，親会社の残高を考えてみましょう。親会社の期中の仕訳は以下のようになっています。

X0年10月1日の取引仕訳

| 売　　掛　　金 | 10,000 ／ 売　　　　上 | 10,000 |

※　100ドル×@100円＝10,000

X0年12月1日の取引仕訳

| 売　　掛　　金 | 22,000 ／ 売　　　　上 | 22,000 |

※　200ドル×@110円＝22,000

決算日（外貨建債権債務の換算）

| 売　　掛　　金 | 4,000 ／ 為　替　差　益 | 4,000 |

※　（100ドル＋200ドル）×@120円（決算日レート）−（10,000＋22,000）＝4,000

上記のとおり，親会社の在外子会社向け売掛金は36,000となります。債権債務については親会社も在外子会社も決算日のレートで換算するため差額が生じません。よって，債権債務の消去仕訳は以下のようになります。

(参考) 債権債務の消去

| 買　掛　金 | 36,000 | / | 売　掛　金 | 36,000 |

上記の例のように，債権債務の消去は理論上は差額が生じないのですが，実務上では換算レートの違いにより，取引高が同額であっても差額が生じる場合があります。簡単な数値例で確認しておきましょう。

設例6-5-3　在外子会社の親会社向け買掛金残高

以下の前提条件に基づいて，在外子会社のP社向け買掛金残高を計算しなさい（小数点以下第2位まで）。
（前提条件）
・P社はX社の発行済株式総数の100％を保有して連結子会社としている。
・X0年10月1日にP社はX社に商品10,000円を売り上げ，代金は掛けとした（取引日の円からドルへの換算レートは1.0/100円）。
・X0年12月1日にP社はX社に商品22,000円を売り上げ，代金は掛けとした（取引日の円からドルへの換算レートは0.9091/100円）。
・決算日現在，P社のX社向け売掛金は全額未回収となっている。
・X1年3月31日（決算日）の決算日レートは1ドル120円，決算日の円からドルへの換算レートは0.8334/100円（在外子会社において外貨建債権債務は決算日レートで換算している）。

【解答】

266.69ドル

【解説】

この設例の場合，取引が円建てであるため，親会社側では換算は行いません。よって，親会社側の残高は10,000円と22,000円の合計額32,000円となっています。

一方，在外子会社はどうでしょう。在外子会社における円建ての売掛金は外貨建債権であるため，期末に決算日レート（ここでは0.8334）で換算します。よって，在外子会社での残高は266.69ドル（＝32,000円/100円×0.8334）となります。

なお，在外子会社の期中の取引は以下のようになっています。

X0年10月1日の取引仕訳

仕　　　入	$100	買　掛　金	$100

※　10,000円/100円×1.0＝100ドル

X0年12月1日の取引仕訳

仕　　　入	$200	買　掛　金	$200

※　22,000円/100円×0.9091≒200ドル

決算日（外貨建債権債務の換算）

買　掛　金	$33.31	為　替　差　益	$33.31

※　（10,000円＋22,000円）/100円×0.8334（決算日レート）－（100ドル＋200ドル）＝△33.31ドル

この例では，在外子会社の外貨金額は266.69ドルとなっているため，これを連結財務諸表を作成するために円貨に換算すると以下のようになります。

円換算額：32,003（＝266.69ドル×@120円）

このように，在外子会社の場合には取引高が同じであっても換算レートの影響で差額が生じる場合があります。よって，このような差額が生じた場合にどのように処理するかを国内子会社とは分けて検討しておく必要があります。

① 国内子会社と同様のルールで差額調整を行うケース

差額自体に重要性がないため，国内子会社と同様のルールで差額調整を行うケースです。例えば，債権優先や親会社優先といったルールに従って在外子会

社との債権債務消去差額も調整します。

(例) 債権優先（売掛金金額を優先し，差額は買掛金で調整する方法）で処理した場合

買　掛　金	32,003	/	売　掛　金	32,000
		/	買　掛　金	※3

※ 差額の3は買掛金で調整。結果として，売掛金の金額で債権債務の消去仕訳を行います。

② 為替換算調整勘定で調整するケース

換算による差額であるため，為替換算調整勘定で処理するケースです。この場合，為替換算調整勘定は純資産のレート差だけでなく，内部取引高のレート差も含むこととなります。

買　掛　金	32,003	/	売　掛　金	32,000
			為替換算調整勘定	3

③ 為替差損益で調整するケース

取引高で差額が生じていない以上，ここでの差額は子会社側の期末の換算による影響と捉え，為替差損益で調整するケースです。

買　掛　金	32,003	/	売　掛　金	32,000
			為　替　差　損　益	3

この差額調整方法を採用した場合，債権債務の消去仕訳が連結財務諸表の当期純利益に影響を及ぼすことになります。例えば，上記例で考えると，この仕訳により連結上の当期純利益が3増加し，結果として利益剰余金も3増加することになります。よって，翌期の開始仕訳が必要となります。

（翌期の開始仕訳のイメージ）

為　替　差　損　益	※3	/	利益剰余金期首残高	3

※ 前期の買掛金や売掛金で開始仕訳を引き継ぐ必要はないため、利益剰余金として引き継いだ金額を、いったん為替差損益で実現させます。

使用している換算レートに明らかに差がある場合などは、理論的には為替差損益で調整すべきと考えられます。つまり、在外子会社側での決算整理仕訳の修正と捉えるのです。

(在外子会社の決算整理仕訳の修正)

| 買　掛　金 | 3 / 為 替 差 益 | 3 |

(債権債務の消去)

| 買　掛　金 | 32,000 / 売　掛　金 | 32,000 |

上記のように仕訳を2つに分解して考えることにより、個別修正仕訳でいったん期末残高を調整し、残高が一致した状態で債権債務の消去仕訳を行うことができます。

このように、在外子会社がある場合には、国内子会社とは異なる差異が生じます。よって、あらかじめ在外子会社との残高の消去について、国内子会社と同じルールで内部取引消去を行うか、それとも別のルールを設定するか等、どのような方法で差額調整を行うか検討して方針を決定しておく必要があります。

6　連結キャッシュ・フロー計算書作成時の留意点

(1) 在外子会社のキャッシュ・フロー項目の換算

在外子会社の外貨によるキャッシュ・フローは、収益および費用の換算レートと同様のレートを使用して円に換算します。

他方、在外子会社の現金及び現金同等物の期首残高は、前期の決算日レート、現金及び現金同等物の期末残高は、当期の決算日レートで換算します。

このように期中のフローは損益計算書と同様の換算レート（期中平均レート

または決算日レート）で換算し，期首と期末の残高は前期および当期の貸借対照表の換算レート（決算日レート）で換算するため，換算手続の結果，差が生じます。生じた差額は，現金及び現金同等物に係る換算差額に含めて表示します。

図表6-6-1　キャッシュ・フロー項目の換算

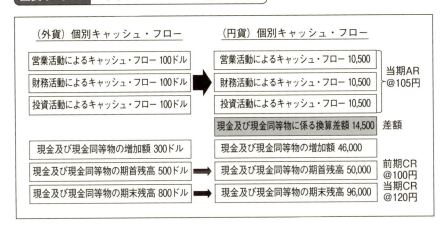

(2) 連結キャッシュ・フロー計算書の作成方法

　第3章①連結キャッシュ・フロー計算書の流れでも説明したとおり，連結キャッシュ・フロー計算書の作成方法として，原則法と簡便法という2つの方法があります。

　在外子会社がある場合，原則法か簡便法かによって，換算による差額の調整方法が異なります。

　なお，原則法と簡便法は，連結キャッシュ・フロー計算書の作成方法が異なるだけなので，どちらで作成したとしても最終的に作成される連結キャッシュ・フロー計算書は理論上は一致します。

① 原則法

原則法は，個別キャッシュ・フロー計算書を合算し，キャッシュ・フロー内部取引を消去して連結キャッシュ・フロー計算書を作成する方法です。

よって，在外子会社がある場合，外貨で作成された在外子会社の個別キャッシュ・フロー計算書をまず円貨に換算してから合算します。このときの換算方法は，上述の(1)の換算ルールに従って換算し，生じた差額は現金及び現金同等物の換算差額に含めて処理します。

図表6-6-2　原則法の場合

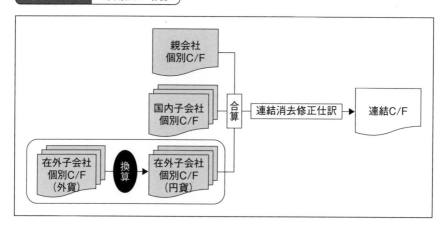

② 簡便法

簡便法は，連結貸借対照表の当期と前期の差額と当期の連結損益計算書に基づいて連結キャッシュ・フロー計算書を作成する方法です。この場合，前期の連結貸借対照表と当期の連結貸借対照表には，在外子会社の貸借対照表項目が前期および当期の決算日レートで換算された金額で反映されています。よって，連結キャッシュ・フロー計算書における各キャッシュ・フロー項目が正しい金額となるように，連結貸借対照表の各項目の差額から為替の影響額を排除し，現金及び現金同等物の換算差額に振り替える調整を行う必要があります。

第6章 在外子会社を連結する場合の検討事項 267

図表6-6-3　簡便法の場合

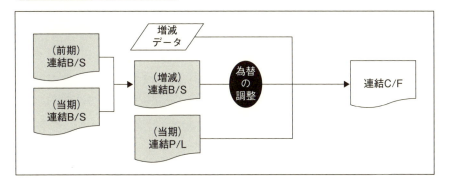

(3) 簡便法による連結キャッシュ・フロー精算表の作成手順

それでは，在外子会社がある場合の簡便法による連結キャッシュ・フロー精算表の作成手順について，確認しておきましょう。

① 前期と当期の連結貸借対照表の差額の計算

前期の連結貸借対照表と当期の連結貸借対照表の差額を計算します。ここまでは在外子会社が存在しない場合の連結キャッシュ・フロー計算書の作成手順と同様です。

② 為替影響額計算表の作成

前期の連結貸借対照表の中には，在外子会社の前期末の残高を前期の決算日レートで換算した円貨金額が含まれています。また，当期の連結貸借対照表の中には，在外子会社の当期末の残高を当期の決算日レートで換算した円貨金額が含まれています。よって，単純に前期と当期の連結貸借対照表の差額を計算した場合，その差額の中には為替の影響額が含まれてしまいます。在外子会社のキャッシュ・フロー（前期と当期の差額）は，前述のとおり期中平均レート

（または決算日レート）で換算すべきであるため、各項目に含まれている為替の影響額を排除するための調整を行います。

よって、この為替の影響額を計算するため、あらかじめ以下のような為替影響額計算表を在外子会社すべてにおいて作成します。為替の影響額計算表は、在外子会社の各勘定科目の前期と当期の差額を期中平均レート（または決算日レート）で換算したあるべき金額と、前期および当期の連結貸借対照表に含まれている各勘定科目の残高（それぞれ決算日レートで換算した金額）との差額を一覧表にしたもので、通常以下のような形式で作成します。

図表6-6-4　為替影響額計算表

勘定科目	前期 円貨 a	当期 円貨 b	円貨増減 c＝ b－a	前期 外貨 d	当期 外貨 e	外貨増減 f＝ e－d	円貨増減 （期中平均レート） g	為替影響額 h＝ g－c
現金及び預金	30,960	34,375	3,415	258	275	17	2,074	(1,341)
売掛金	27,600	31,250	3,650	230	250	20	2,440	(1,210)
貸倒引当金	(1,200)	(2,000)	(800)	(10)	(16)	(6)	(732)	68
商品	9,600	6,250	(3,350)	80	50	(30)	(3,660)	(310)
短期貸付金	18,000	22,500	4,500	150	180	30	3,660	(840)
有形固定資産	32,400	38,125	5,725	270	305	35	4,270	(1,455)
買掛金	(18,000)	(21,250)	(3,250)	(150)	(170)	(20)	(2,440)	810
その他流動負債	(9,600)	(7,500)	2,100	(80)	(60)	20	2,440	340
長期借入金	(24,000)	(27,500)	(3,500)	(200)	(220)	(20)	(2,440)	1,060
資本金	(50,000)	(50,000)	0	(500)	(500)	0	0	0
利益剰余金	(5,040)	(10,652)	(5,612)	(48)	(94)	(46)	(5,612)	0
為替換算調整勘定	(10,720)	(13,598)	(2,878)	0	0	0	0	2,878

図表6-6-4の為替影響額計算表の各項目の金額は以下のように計算します。

a　前期円貨

在外子会社の前期外貨金額を前期の決算日レートで換算した金額

   b　当期円貨

在外子会社の当期外貨金額を当期の決算日レートで換算した金額

   c　円貨増減

b当期円貨からa前期円貨を差し引いた金額

   d　前期外貨

在外子会社の前期外貨金額（内部取引高も含む）

   e　当期外貨

在外子会社の当期外貨金額（内部取引高も含む）

   f　外貨増減

e当期外貨からd前期外貨を差し引いた金額

   g　円貨増減（期中平均レート）

f外貨増減に期中平均レート（損益計算書の換算レート）を乗じた金額（この金額が在外子会社のキャッシュ・フロー項目の金額となるべき金額）

   h　為替影響額

g円貨増減（期中平均レート）からc円貨増減を差し引いた金額

③　為替の影響額の調整

②で作成した為替影響額計算表に基づいて，連結キャッシュ・フロー精算表の各項目を調整します。具体的には，連結キャッシュ・フロー精算表に為替調整列を設け，各項目の為替の影響額を現金及び現金同等物の換算差額に振り替えるための調整を行います。

④　勘定科目増減明細の換算

純額表示の貸借対照表項目は，連結貸借対照表の前期と当期の差額金額に③の為替の影響額を加味することであるべきキャッシュ・フローの金額となります。一方，増減が必要な貸借対照表項目については，国内子会社のときと同様

に各在外子会社から勘定科目増減明細を収集し，それを円に換算して連結キャッシュ・フロー計算書に反映します。

なお，在外子会社の換算後の勘定科目増減明細は以下のようになります。

図表6-6-5　勘定科目増減明細（換算前と換算後）

（換算前）　　　　　　　　　　　　　　　　　　　　　　　　　（単位：ドル）

勘定科目	期首残高	当期増減			期末残高
		当期増加	減価償却	為替影響額	
短期貸付金	150	30	―		180
有形固定資産	270	65	(30)		305
長期借入金	200	20	―		220
換算レート	@120円	@122円	@122円		@125円

（換算後）

勘定科目	期首残高 a	当期増減			期末残高 c
		当期増加 b	減価償却 b	為替影響額 d	
短期貸付金	18,000	3,660	―	840	22,500
有形固定資産	32,400	7,930	(3,660)	1,455	38,125
長期借入金	24,000	2,440	―	1,060	27,500

※　前期の決算日レート@120円，当期の決算レート@125円，当期の期中平均レート@122円とする。

各項目の換算は以下のような手順で行います。

　a　期首残高

外貨の期首残高を前期の決算日レートで換算した金額

　b　当期増減（当期増加，減価償却等）…為替影響額以外

外貨の当期増減額を当期の期中平均レート（損益計算書の換算レート）で換算した金額

　c　期末残高

外貨の期末残高を当期の決算日レートで換算した金額

d　為替影響額

c期末残高に一致するように調整した差額（③為替影響額計算表の各勘定科目の為替影響額と同額）

(4) 数値例での確認

それでは簡単な数値例を用いて，連結キャッシュ・フロー精算表を作成してみましょう。

設例6-6-1　連結キャッシュ・フロー精算表の作成

以下の前提条件に基づいて，連結キャッシュ・フロー精算表を完成させなさい。
（前提条件）
- Ｐ社は前期首に500ドル（取得日レート1ドル100円）を出資してＸ社を設立し，連結子会社としている。
- 当期の連結貸借対照表および連結損益計算書は以下のとおりであった。

連結貸借対照表

現金及び預金	392,375	買掛金	401,250
売掛金	481,250	その他流動負債	22,500
貸倒引当金	(12,000)	長期借入金	327,500
商品	29,250	資本金	300,000
短期貸付金	142,500	利益剰余金	226,652
有形固定資産	258,125	為替換算調整勘定	13,598
資産合計	1,291,500	負債・純資産合計	1,291,500

連結損益計算書

売上原価	1,112,412	売上高	1,673,240
減価償却費	8,660	受取利息	3,976
貸倒引当金繰入	4,732	為替差益	9,244
その他販売費及び一般管理費	531,604		
支払利息	6,440		
法人税等	1,000		
当期純利益	21,612		

・前期の連結貸借対照表は以下のとおりであった。

連結貸借対照表

現金及び預金	353,960	買掛金	318,000
売掛金	427,600	その他流動負債	29,600
貸倒引当金	(9,200)	長期借入金	224,000
商品	24,600	資本金	300,000
短期貸付金	168,000	利益剰余金	205,040
有形固定資産	122,400	為替換算調整勘定	10,720
資産合計	1,087,360	負債・純資産合計	1,087,360

・Ｐ社とＸ社の間に資本取引以外の内部取引は生じていない。
・Ｘ社の当期の個別貸借対照表（外貨）および個別損益計算書（外貨）は以下のとおりであった。

(外貨) 個別貸借対照表　　　　　　　　　(単位：ドル)

現金及び預金	275	買掛金	170
売掛金	250	その他流動負債	60
貸倒引当金	(16)	長期借入金	220
商品	50	資本金	500
短期貸付金	180	利益剰余金	94
有形固定資産	305		
資産合計	1,044	負債・純資産合計	1,044

(外貨) 個別損益計算書　　　　　　　　　(単位：ドル)

売上原価	946	売上高	1,420
減価償却費	30	受取利息	8
貸倒引当金繰入	6	為替差益	2
その他販売費及び一般管理費	382		
支払利息	20		
当期純利益	46		

・Ｘ社の前期の個別対貸借対照表（外貨）は以下のとおりであった。

（外貨）個別貸借対照表			（単位：ドル）
現金及び預金	258	買掛金	150
売掛金	230	その他流動負債	80
貸倒引当金	(10)	長期借入金	200
商品	80	資本金	500
短期貸付金	150	利益剰余金	48
有形固定資産	270		
資産合計	978	負債純資産合計	978

・P社の当期の勘定科目増減表は以下のとおりであった。

勘定科目	期首	当期増加	当期減少	減価償却	期末
短期貸付金	150,000	10,000	(40,000)		120,000
有形固定資産	90,000	135,000		(5,000)	220,000
長期借入金	200,000	110,000	(10,000)		300,000

・X社の当期の勘定科目増減表は以下のとおりであった。

勘定科目	期首	当期増加	減価償却	期末
短期貸付金	150	30		180
有形固定資産	270	65	(30)	305
長期借入金	200	20		220

・利息の未収未払，未払法人税等は生じていない。
・為替差益はすべて営業債権債務から生じたものである。
・有形固定資産の取得に関して未払いは生じていない。
・外貨建預金は保有していない。
・貸借対照表の現金及び預金とキャッシュ・フロー計算書の現金及び現金同等物の範囲は一致している。
・前期の決算日レートは1ドル120円，当期の決算日レートは1ドル125円，当期の期中平均レートは1ドル122円であり，当社は損益計算書の換算は期中平均レートを用いて行っている。

【解答】

連結キャッシュ・フロー精算表は下記のようになります。

勘定科目	前期連結B/S①	当期連結B/S②	差額③=②-①	為替の影響額④	為替影響考慮後⑤=③+④	税金等調整前当期純利益	減価償却費
連結貸借対照表							
現金及び預金	353,960	392,375	38,415	(1,341)	37,074		
売掛金	427,600	481,250	53,650	(1,210)	52,440		
貸倒引当金	(9,200)	(12,000)	(2,800)	68	(2,732)		
商品	24,600	29,250	4,650	(310)	4,340		
短期貸付金	168,000	142,500	(25,500)	(840)	(26,340)		
有形固定資産	122,400	258,125	135,725	(1,455)	134,270		8,660
買掛金	(318,000)	(401,250)	(83,250)	810	(82,440)		
その他流動負債	(29,600)	(22,500)	7,100	340	7,440		
長期借入金	(224,000)	(327,500)	(103,500)	1,060	(102,440)		
資本金	(300,000)	(300,000)	0	0	0		
利益剰余金	(205,040)	(226,652)	(21,612)	0	(21,612)	22,612	
為替換算調整勘定	(10,720)	(13,598)	(2,878)	2,878	0		
合計	0	0	0	0	0	22,612	8,660

第6章 在外子会社を連結する場合の検討事項

貸倒引当金増減額	利息	その他債権債務の増減額	固定資産の取得	貸付金	借入金	法人税等	換算差額	現金及び預金の振替	連結キャッシュ・フロー計算書
							1,341	(38,415)	0
		(52,440)							0
2,732									0
		(4,340)							0
				26,340					0
			(142,930)						0
		82,440							0
		(7,440)							0
					102,440				0
									0
						(1,000)			0
									0
2,732	0	18,220	(142,930)	26,340	102,440	(1,000)	1,341	(38,415)	0

キャッシュ・フロー項目	税金等調整前当期純利益	減価償却費
連結キャッシュ・フロー計算書		
税金等調整前当期純利益	22,612	
減価償却費		8,660
貸倒引当金の増減額		
支払利息		
受取利息		
売上債権の増減額		
たな卸資産の増減額		
仕入債務の増減額		
その他流動負債の増減額		
小計	22,612	8,660
利息の支払額		
利息および配当金の受取額		
法人税の支払額		
営業活動によるキャッシュ・フロー	22,612	8,660
固定資産の取得による支出		
貸付による支出		
貸付の返済による収入		
投資活動によるキャッシュ・フロー	0	0
借入による収入		
借入の返済による支出		
財務活動によるキャッシュ・フロー	0	0
現金及び現金同等物の換算差額		
現金及び現金同等物の増減額	22,612	8,660
現金及び現金同等物の期首残高		
現金及び現金同等物の期末残高	22,612	8,660

第6章 在外子会社を連結する場合の検討事項 277

貸倒引当金増減額	利息	その他債権債務の増減額	固定資産の取得	貸付金	借入金	法人税等	換算差額	現金及び預金の振替	連結キャッシュ・フロー計算書
									22,612
									8,660
2,732									2,732
	6,440								6,440
	(3,976)								(3,976)
		(52,440)							(52,440)
		(4,340)							(4,340)
		82,440							82,440
		(7,440)							(7,440)
2,732	2,464	18,220	0	0	0	0	0	0	54,688
	(6,440)								(6,440)
	3,976								3,976
						(1,000)			(1,000)
2,732	0	18,220	0	0	0	(1,000)	0	0	51,224
			(142,930)						(142,930)
				(13,660)					(13,660)
				40,000					40,000
0	0	0	(142,930)	26,340	0	0	0	0	(116,590)
					112,440				112,440
					(10,000)				(10,000)
0	0	0	0	0	102,440	0	0	0	102,440
							1,341		1,341
2,732	0	18,220	(142,930)	26,340	102,440	(1,000)	1,341	0	38,415
								353,960	353,960
2,732	0	18,220	(142,930)	26,340	102,440	(1,000)	1,341	353,960	392,375

【解説】

まず，連結キャッシュ・フロー精算表の①から⑤の金額は以下のように計算して記入します。

① 前期連結 B/S

前期の連結貸借対照表の金額（貸方金額にはカッコをつけて表現している）

② 当期連結 B/S

当期の連結貸借対照表の金額（貸方金額にはカッコをつけて表現している）

③ 差額

②当期連結 B/S と①前期連結 B/S の差額

④ 為替の影響額

在外子会社の為替影響額計算表の金額（図表 6-6-4 参照）

⑤ 為替影響額考慮後

③差額に④為替の影響額を加味した金額（この金額があるべきキャッシュ・フロー金額となる）

次に，総額表示が必要な科目については各社の勘定科目増減明細を合算し，連結ベースの勘定科目増減明細を作成します。

図表 6-6-6　勘定科目増減明細

<親会社の勘定科目増減明細>

勘定科目	期首	当期増加	当期減少	減価償却	期末
短期貸付金	150,000	10,000	(40,000)	—	120,000
有形固定資産	90,000	135,000	—	(5,000)	220,000
長期借入金	200,000	110,000	(10,000)	—	300,000

<子会社の増減明細（円換算額）>

勘定科目	期首 ※1	当期増加 ※2	減価償却 ※2	為替影響額 ※4	期末 ※3
短期貸付金	18,000	3,660	—	840	22,500
有形固定資産	32,400	7,930	(3,660)	1,455	38,125
長期借入金	24,000	2,440	—	1,060	27,500

※1 前期の決算日レート（@120）で換算
※2 当期の期中平均レート（@122）で換算
※3 当期の決算日レート（@125）で換算
※4 期末の円貨金額にするための差額調整（為替影響額計算書の金額と同額）

各社の増減明細を合算して，連結ベースの増減明細を作成します。

<連結ベースの増減明細>

勘定科目	期首	当期増加	当期減少	減価償却	為替影響額	期末
短期貸付金	168,000	13,660	(40,000)	—	840	142,500
有形固定資産	122,400	142,930	—	(8,660)	1,455	258,125
長期借入金	224,000	112,440	(10,000)	—	1,060	327,500

このとき，期首残高および期末残高が連結貸借対照表の金額と一致していることを必ず確認してください。

連結キャッシュ・フロー精算表に記入します。記入方法は第3章の連結キャッシュ・フロー精算表の作成手順を確認してください。ここでは為替の影響額の列についてのみ解説します。

為替影響額表で計算した為替の影響額は④為替の影響額の列で各項目から調整するとともに，現金及び現金同等物に係る金額は，「換算差額」の列（この例では右から3列目）にて調整します。為替の影響額は営業活動によるキャッシュ・フロー，投資活動によるキャッシュ・フロー，財務活動によるキャッシュ・フローには含まれず，現金及び現金同等物の換算差額となります。よって，為替の影響額に記入した現金及び現金同等物の為替の影響額を連結貸借対照表の現金及び預金の行に貸借反転して記入するとともに，連結キャッシュ・フロー計算書の現金及び現金同等物の換算差額の行に同額を記載します。

(5) 内部取引消去の対象となった債権債務から生じた為替換算差額の処理

先ほどの数値例は内部取引が一切ないケースでしたが，ここでは内部取引が

ある場合の対応方法を考えてみましょう。

先ほどの数値例で，前期および当期ともにX社の買掛金が全額P社に対するものだった場合，買掛金から生じた為替換算差額をどのように調整するのかが論点となります。

図表6－6－7　為替影響額計算表

勘定科目	前期円貨 a	当期円貨 b	円貨増減 c =b-a	前期外貨 d	当期外貨 e	外貨増減 f =e-d	円貨増減（期中平均レート）g	為替影響額 h =g-c
現金及び預金	30,960	34,375	3,415	258	275	17	2,074	(1,341)
売掛金	27,600	31,250	3,650	230	250	20	2,440	(1,210)
貸倒引当金	(1,200)	(2,000)	(800)	(10)	(16)	(6)	(732)	68
商品	9,600	6,250	(3,350)	80	50	(30)	(3,660)	(310)
短期貸付金	18,000	22,500	4,500	150	180	30	3,660	(840)
有形固定資産	32,400	38,125	5,725	270	305	35	4,270	(1,455)
買掛金	(18,000)	(21,250)	(3,250)	(150)	(170)	(20)	(2,440)	810
その他流動負債	(9,600)	(7,500)	2,100	(80)	(60)	20	2,440	340
長期借入金	(24,000)	(27,500)	(3,500)	(200)	(220)	(20)	(2,440)	1,060
資本金	(50,000)	(50,000)	0	(500)	(500)	0	0	0
利益剰余金	(5,040)	(10,652)	(5,612)	(48)	(94)	(46)	(5,612)	0
為替換算調整勘定	(10,720)	(13,598)	(2,878)	0	0	0	0	2,878

上述の為替影響額計算表は，先ほどの数値例と同じものです。ただ，買掛金は連結上は全額消去されてしまっているため，先ほどのように買掛金の増減から為替の影響額を調整することができません。この場合，当該為替換算差額は税金等調整前当期純利益の調整項目として加減算します。なお，この為替の影響額が連結キャッシュ・フロー計算書に重要な影響を与えない場合には，現金及び現金同等物に係る換算差額に含めて表示することができます。

では，この数値例でもう少し詳しく確認しておきましょう。

図表6-6-8　親会社側の売掛金（在外子会社に対するもののみ）

勘定科目	前期円貨[※1]	当期円貨[※2]	円貨増減[※3]
売掛金	18,000	21,250	3,250

※1　前期外貨150ドル×@120円＝18,000
※2　当期外貨170ドル×@125円＝21,250
※3　当期円貨－前期円貨

仮に，前期末残高の150ドルは当期に回収は行われず，当期の増加20ドルの取引日レートが122円だったとした場合，期中の親会社の仕訳は以下のようになります。

（売上計上時）

売　掛　金	2,440	／	売　　　　上	2,440

※　20ドル×@122円＝2,440

（決算日：外貨建資産の期末換算）

売　掛　金	810	／	為　替　差　益	810

※　170ドル×@125円－(18,000（前期末残高）＋2,440)＝810

よって，親会社側での売掛金（買掛金）の前期と当期の差額の為替の影響額が為替差損益に含まれているため，連結キャッシュ・フロー計算書の作成上，内部取引消去の対象となった債権債務から生じた為替換算差額は，税金等調整前当期純利益の調整項目として加減算することになります。

これを前提に連結キャッシュ・フロー精算表を作成すると次のとおりとなります。

図表6-6-9　連結キャッシュ・フロー精算表

勘定科目	前期連結B/S	当期連結B/S	差額	為替の影響額	為替影響考慮後	税金等調整前当期純利益	減価償却費
連結貸借対照表							
現金及び預金	353,960	392,375	38,415	(1,341)	37,074		
売掛金※1	*409,600*	*460,000*	50,400	(1,210)	49,190		
貸倒引当金	(9,200)	(12,000)	(2,800)	68	(2,732)		
商品	24,600	29,250	4,650	(310)	4,340		
短期貸付金	168,000	142,500	(25,500)	(840)	(26,340)		
有形固定資産	122,400	258,125	135,725	(1,455)	134,270		8,660
買掛金※1	*(300,000)*	*(380,000)*	(80,000)	※2 *810*	(79,190)		
その他流動負債	(29,600)	(22,500)	7,100	340	7,440		
長期借入金	(224,000)	(327,500)	(103,500)	1,060	(102,440)		
資本金	(300,000)	(300,000)	0	0	0		
利益剰余金	(205,040)	(226,652)	(21,612)	0	(21,612)	22,612	
為替換算調整勘定	(10,720)	(13,598)	(2,878)	2,878	0		
合計	0	0	0	0	0	22,612	8,660
連結キャッシュ・フロー計算書							
税金等調整前当期純利益						22,612	
減価償却費							8,660
貸倒引当金の増減額							
支払利息							
受取利息							
売上債権の増減額							
たな卸資産の増減額							
仕入債務の増減額							
その他流動負債の増減額							

第6章 在外子会社を連結する場合の検討事項　283

貸倒引当金増減額	利息	その他債権債務の増減額	固定資産の取得	貸付金	借入金	法人税等	換算差額	現金及び預金の振替	連結キャッシュ・フロー計算書
							1,341	(38,415)	0
		(49,190)							0
2,732									0
		(4,340)							0
				26,340					0
			(142,930)						0
		79,190							0
		(7,440)							0
					102,440				0
									0
						(1,000)			0
									0
2,732	0	18,220	(142,930)	26,340	102,440	(1,000)	1,341	(38,415)	0
									22,612
									8,660
2,732									2,732
	6,440								6,440
	(3,976)								(3,976)
		(49,190)							(49,190)
		(4,340)							(4,340)
		79,190					[※2] 810		80,000
		(7,440)							(7,440)

勘定科目	前期連結B/S	当期連結B/S	差額	為替の影響額	為替影響考慮後	税金等調整前当期純利益	減価償却費
その他							
小計						22,612	8,660
利息の支払額							
利息および配当金の受取額							
法人税の支払額							
営業活動によるキャッシュ・フロー						22,612	8,660
固定資産の取得による支出							
貸付による支出							
貸付の返済による収入							
投資活動によるキャッシュ・フロー						0	0
借入による収入							
借入の返済による支出							
財務活動によるキャッシュ・フロー						0	0
現金及び現金同等物の換算差額							
現金及び現金同等物の増減額						22,612	8,660
現金及び現金同等物の期首残高							
現金及び現金同等物の期末残高						22,612	8,660

※1 【設例6-6-1】の問題から売掛金と買掛金の金額のみ修正を入れている（前期と当
※2 上記の追加条件の結果，買掛金から生じている為替の影響額は，税金等調整前当期純
ている

　この例では買掛金から生じた為替の影響額であったため，調整をしたとしても営業活動によるキャッシュ・フローには影響はありませんでしたが，発生元の勘定科目が投資活動や財務活動に関する項目の場合には，活動区分別のキャッシュ・フロー計算書に影響があります。
　なお，今回は営業活動の区分で調整していますが，金額に重要性がない場合には，「現金及び現金同等物の換算差額」に含めて表示することもできます。

貸倒引当金増減額	利息	その他債権債務の増減額	固定資産の取得	貸付金	借入金	法人税等	換算差額	現金及び預金の振替	連結キャッシュ・フロー計算書
							※2 *(810)*		(810)
2,732	2,464	18,220	0	0	0	0	0	0	54,688
	(6,440)								(6,440)
	3,976								3,976
						(1,000)			(1,000)
2,732	0	18,220	0	0	0	(1,000)	0	0	51,224
			(142,930)						(142,930)
				(13,660)					(13,660)
				40,000					40,000
0	0	0	(142,930)	26,340	0	0	0	0	(116,590)
					112,440				112,440
					(10,000)				(10,000)
0	0	0	0	0	102,440	0	0	0	102,440
							1,341		1,341
2,732	0	18,220	(142,930)	26,340	102,440	(1,000)	1,341	0	38,415
								353,960	353,960
2,732	0	18,220	(142,930)	26,340	102,440	(1,000)	1,341	353,960	392,375

期のX社の残高がすべて内部取引という前提で連結上は消去)
利益の調整項目として,ここでは営業活動によるキャッシュ・フローの「その他」で調整し

[著者紹介]

飯塚　幸子（いいづか　さちこ）

公認会計士
株式会社ラウレア　代表取締役

1969年，横浜生まれ。
立教大学理学部卒業後，大手化学メーカーに就職。一念発起して公認会計士を目指し1年で退社。
1994年，公認会計士試験2次試験合格後，大手監査法人にて監査に従事するかたわら，大原簿記学校会計士講座の簿記講師として勤務。
2000年，連結会計システム「DivaSystem」の製造元である株式会社ディーバに入社，初期メンバーとして活躍。のべ300社以上の上場会社の連結決算システム導入に従事。
2012年，株式会社ラウレアを設立。連結決算業務改善，連結決算オンサイト支援を行うかたわら，数多くのセミナーもこなす。数少ない独立系連結決算支援コンサルタントとして活躍中。
著書に『連結会計の基本と実務がわかる本』『連結管理会計の導入マニュアル』『連結キャッシュ・フロー計算書の作成マニュアル』（以上，中央経済社），『初めて学ぶ連結会計の基礎』（税務研究会）などがある。

図解&設例
連結決算の業務マニュアル

2015年8月5日　第1版第1刷発行
2025年3月30日　第1版第13刷発行

著　者　　飯　塚　幸　子
発行者　　山　本　　　継
発行所　　㈱中央経済社
発売元　　㈱中央経済グループ
　　　　　パブリッシング

〒101-0051　東京都千代田区神田神保町1-35
電話　03（3293）3371（編集代表）
　　　03（3293）3381（営業代表）
https://www.chuokeizai.co.jp
印刷／昭和情報プロセス㈱
製本／誠　製　本㈱

©2015
Printed in Japan

＊頁の「欠落」や「順序違い」などがありましたらお取り替えいたしますので発売元までご送付ください。（送料小社負担）

ISBN978-4-502-15081-4　C3034

JCOPY〈出版者著作権管理機構委託出版物〉本書を無断で複写複製（コピー）することは，著作権法上の例外を除き，禁じられています。本書をコピーされる場合は事前に出版者著作権管理機構（JCOPY）の許諾を受けてください。
JCOPY〈https://www.jcopy.or.jp　eメール：info@jcopy.or.jp〉